NEW
CLASSIC
LIBRARY

# 渡部昇一の昭和史観

## 日本人に罪悪感を植えつけたのは誰だ

渡部昇一
*Shoichi Watanabe*

徳間書店

［解説］

# 渡部昇一は言論人の責任を問い続けた

渡部昇一先生は「知の巨人」の二つ名がある。上智大の聖イグナチオ聖堂での告別式では石原慎太郎氏が弔辞を読んだが、そこでも渡部先生の幅広い、そして奥の深い知力が語られた。田中金脈でデビューした人も朝日新聞が同じ二つ名で呼んでいた。人となりはよくは知らない。戦後、米情報部が養成したスパイを日本人操縦士がソ連、中共に運んだという筆者の戦後秘話ものを評してくれたことがあったが、あまりに的外れだったのでびっくりさせられたことはあった。

渡部先生は看板に偽りはない。新聞記者時代に取材に伺って以来、長い付き合いをいただいたが、お会いするたびにその該博な知識にいつも驚かされ、あるいは気づかない視点から解説をいただき、目から鱗の思いで歴史を見直すことも多かった。

例えば本書にもある「専守防衛の誤り」（P46）もその一つだ。

日本はマッカーサーの平和憲法によって軍隊も交戦権も放棄させられて「平和を愛する諸国民」（前文）にすがって生きることを義務付けられた。例外として侵攻を受けたときだけ自衛を認められる。日本の国防は専守防衛に限られた。

だから敵国を攻撃できる能力を持つ戦闘機やミサイルは保持できない。最近やっと「今から日本を破壊しますよ」とミサイル発射を準備する相手国に対し「敵基地攻撃能力」を持てるのではといった論議が出てきた、
渡部先生はそうした論議は「前提からヘンだ」という。専守防衛とは「日本本土が侵され、戦場になる」ことを許している。

そんな考え方は日本にはない。現に日本がポツダム宣言を受諾したのも非戦闘員を平気で殺す米国が日本本土を焦土化してきた。それを厭っての受諾だったと。

それで、ふと栗林忠道中将の言葉を思い出した。

栗林中将は米軍が5日で落とすと臨んだ硫黄島を守って実に37日間、抵抗を続けた。

ここが落ちればB29とその支援戦闘機P51に足場を与え、本土は焦土化される。「我々が1日抵抗を続ければ本土の子供たちが1日生き延びる」と栗林中将は言った。その言葉もまた「日本を焦土化させてはならない」という思いだったのだろう。

「国のため　重き務めを　果たし得で　矢弾尽き果て　散るぞ悲しき」が辞世だが、硫黄島の戦いでは米軍に日本軍より大きな損害を与え、本土焦土化に十分待ったをかけた。

## ●日常の生活実感を大事にした思想

渡部先生は歴史や文学はもちろん、哲学から政治にいたるまでその該博な知識には定評があった。しかし、だからといって小難しい理屈をこねまわしたり、哲学的理論やイデオロギーなどを振り回すことはけっしてしなかった。その論理はきわめて平易でわかりやすかった。

東大で哲学を研究している渡部先生の教え子が、いま東大の哲学科で人を殺してどうして悪いのかを議論していると聞いて、それを愚かな議論だと一蹴する。なぜなら勝手に人を殺してもいいという文化の集団があったら、そこではメンバー同士も殺し合いをするはずだから、その集団は亡びざるをえないと切り捨てる（P75〜76）。簡にして要を得た答えに誰ももっともだと納得するしかない。

このように渡部先生の手にかかると、複雑で入り組んだ問題があっという間にほどけて、まるで手品のように平易で当たり前の結論に導かれる。それが渡部先生の著作を読む快感ともなる。

ごく最近、ＮＨＫの大河ドラマで『光る君へ』が評判となり、藤原道長が脚光を浴びた。

「この世をば　わが世とぞ思う　望月の　かけたることも　なしと思へば」という歌を残し、栄耀栄華をきわめた道長がなぜ天皇になれなかったのか。それは彼には「藤原」という苗字があったからで、姓をもった人間は天皇になれないのが日本なのだ。こうして読者は天皇が姓をもたないことの深い意味を理解する（P60)。

渡部先生はまた日常の生活感覚にも深い造詣をもたれる。呉善花さんの何気ない言葉、「神社は気味が悪い」（P71）もそうだ。

外国人は神社が不気味で怖いらしい。それは知らなかった。高校は九段だったから靖国神社を抜けて通っていた。たたずまいも好きだった。靖国に限らず、神社を見かければ立ち寄る。手水《ちょうず》で手を洗い、口を漱《すす》ぐ。不浄のお寺に行った後、塩をまくのと同じくらい当たり前と思ってきた。

境内の静寂も心地いいと思っていたが、あれは日本人だけのものか。

安倍さんがメルケルら各国首脳を伊勢神宮に招いた。日本人は自然を畏敬するが、彼らは自然とは戦って克服すべきものと考える。

参道を歩んで押し包んでくる静けさに戸惑っているのか。彼らが記帳した感想は言い合わせたように静けさでも凄みのある「静謐（tranquility)」だった。

日本人を焼き殺すことに無上の喜びを感じていたカーチス・ルメイは都市を焼くのと同じくらいの熱意で伊勢神宮、明治神宮、熱田神宮に爆弾を降らせた。

爆撃手から見れば鬱蒼たる森でしかない。それでも伊勢神宮は6度も爆撃された。

渡部先生は30年戦争を終結させたウェストファリア条約が宗教戦争の廃止を決め、「信教の自由が国際的に認められたが、それをマッカーサーが踏みにじった」と指摘された。

神道《しんとう》は教義もない、折伏《しゃくぶく》もない、信徒に免罪符も売らない。宗教というよりは日本人の自然観、哲学にも見えるが、マッカーサーにはアミニズム邪教に見えたから、神道禁止令を出して潰そうとした。

「靖国神社を更地にしてドッグレース場にしろ」とも言って、カソリック日本代表の上智大ブルーノ・ビッテルに止められた。それほどあの静寂は「怖い」らしい。

## ●確かな国家観と人間理性の驕りに対する批判の目

渡部先生は朝鮮戦争についても意味深い指摘をされている。

日本を占領した米国は白人国家に逆らう有色人種国家日本を本気で滅ぼす気だった。

そのために先進工業国日本を象徴する航空工業をヒステリックなほど潰しにかかった。飛行機を作るどころか飛ばすことも禁じ、およそ飛行機と名の付くものはすべて破壊し投棄した。

仁科芳雄博士のサイクロトロンもわざわざ壊して「東京湾に沈めた」（P１４３）。

それだけじゃない。米国は日本を潰すのと同時に購買力のある支那市場を育てるべく日本の重厚長大産業をすべて解体して支那に持ち込もうとした。持ち込み先は日本が工業化の整備を整えた満洲だった。

ドイツ向けのモーゲンソー・プランのいわば日本版で、その責任者、エドゥイン・ポーレー対日賠償使節団長が満洲に下見に行ったら八路の兵士ら支那人とソ連兵どもが火力発電所のタービンから水道の蛇口まで持ち去ってしまったあとで、ただ広大な荒れ地だけが残っていた。

ではどこに運ぶかを再検討している間に朝鮮戦争が起きた。戦争遂行には日本の工業力が絶対必要で、日本は潰されずに済んだ。ある意味、支那朝鮮のおかげとも言える。

ことほど左様、渡部先生は確かな国家観と人間理性の驕りに対する批判の目を常に持たれている。

## ●「日本は支那大陸を侵した侵略国家」は壮大な嘘

末年、渡部先生とは吉祥寺の喫茶店で何度かお会いした。腕を三角巾で吊るされていていったい何ごとかと伺ったら健康法の「逆立ちをやっていてひっくり返って」折ってしまったとか。

気持ちは若くても体がどうもと話されていたが、そのころ熱心に語られていたのが支那の腹黒さだった。

習近平は「我々の血に侵略のＤＮＡはない」とか言いながら、エベレストの裏まで侵略し、軍備を増強している。対して日本人は一衣帯水の中、日中友好とかやっている。

だいたい「日本人は何気なく支那文化圏だと思いこんでいる」と本書でも指摘される。同じ漢字も使っているし。

しかしそれは間違いだと。ハーバード大のサミュエル・ハンチントン教授ですら「日本は支那文化圏ではない」（Ｐ68）と言っている。漢字は使っているが、朝鮮や仏印にされる前のベトナムでは漢字を支那流に使っていたが、日本は表音文字として使い、言葉も支那語とは全く違う。

もっと大事なことは万里の長城の内側、いわゆる中原《ちゅうげん》に住む支那の民は支那４０００年の間、そこに栄えた青銅器文化や唐三彩など様々な文化とは実は何の関係もなかった。

それらはすべて長城を越えてきた異民族がもたらしたもので、支那人たちはその間、異民族の奴隷として支配されていた。

ところが秦の後、異民族侵攻が途絶えた隙に支那人は初めて漢王朝を建て、名も無かった支那人は初めて「漢民族」と名乗り、殷の青銅器文明もオレのものと言い、始皇帝が統一した文字も「漢字」と名付けた。

しかし漢の後、また異民族が入り込んで鮮卑《せんぴ》は隋、唐を、モンゴルは元を、そして満洲族が清を建てた。清はモンゴルと同盟し、チベット、ジュンガルなどイスラム国家を制圧したが、外交としては友好関係を保ち、熱河の承徳宮には3分の1サイズにしたポタラ宮殿を建て、モンゴル王とは狩り場「木蘭囲場《もくらんいじょう》」でともに狩りを楽しんでいる。

しかし漢民族は奴隷扱いで、満洲人との結婚も禁止し、後宮にも漢民族の女は入れなかった。徹底差別した。

ところが辛亥革命の後、支那は五族共和とか言って満洲もモンゴル、チベット、ウイグルもすべて漢民族の領土にし、漢民族がその盟主に納まってしまった。

奴隷だった漢民族が盟主か。そのおかしさを渡部先生は「インドネシアが独立後、宗主国オランダも我が領土だと主張するようなもの」（P122）という。

それにしてもなぜそんなペテンができたか。実は支那大陸から日本を排除したい米国の国務長官スティムソンが「満洲は支那の領土で日本は支那の領土を侵して満洲国を建てた侵略国だ」と言い出したのだ。日本は「支那の領土は昔から万里の長城の内側」と反論したが、白人国家は有色人種日本の伸長を望まなかった。放っておけば日本は支那と結び、東南アジアの植民地の人々も日本に刺激を受けて、民族自決を考えるだろう。彼らの植民地喪失が現実のものになる。

だからスティムソンの主張に暗黙の賛意を示し、日本は「漢民族の領土を侵した」侵略国家に仕立てられた。

東京裁判でも、このスティムソンの主張によって日本は侵略国とされ、満洲は「支那東北地方」に変えられた。日本潰しの壮大な嘘が成立し、歴史にもそう書き込まれた。

その壮大な嘘を知るには英国人支那学者レジナルド・ジョンストンの『紫禁城の黄昏』（P１１６）を読めと渡部先生は言う。

今、世界地図を見るとエベレストの北側から満洲の果て黒竜江省まですべて漢民族支那人の領土になっている。

壮大な嘘だが、不思議なことに日本の教科書も「日本は支那大陸を侵した侵略国家」と書き、村山首相はその侵略を認めて謝罪もしている。それを朝日新聞などが戦後80年経とうとする今も繰り返し「侵略国家日本」といとも軽々しく書く。

山上憶良を引いて「言霊の幸はふ」日本を語り（P63）、日本人が生み出した日本語の深さを説かれる。

日本人を欺き、貶めるために同じ日本語を朝日新聞は使う。この新聞のあくどさは渡部先生の書かれた『朝日新聞と私の40年戦争』に詳しい。

渡部昇一先生の偉大さとは、歴史と伝統に裏打ちされた確かな国家観と、人間理性の驕りに対する疑いを常に忘れなかったことだと改めて思う。偉大な保守思想家の不在がいま惜しまれる。

令和六年八月十五日

高山正之

渡部昇一の昭和史観　日本人に罪悪感を植えつけたのは誰だ――目次

## 第二章　日本は独自の文明圏である

## 第三章　日本をだめにした国賊たち



## 第四章　紫禁城の黄昏

## 第五章　戦前は「暗い時代」ではなかった

## 第六章　女帝問題は「皇室伝統」に任せよ

装幀――井上新八
編集――松崎之貞

# 第一章

# 中国人の傲慢・韓国人の驕慢

## 満洲事変前夜を思わせる「反日」熱

それにしても、中国人の「反日」熱はいったい何なのでしょう。

二〇〇五年四月には、北京や上海といった大都市で反日デモが相次ぎ、日本資本の店に投石したり日本人留学生を殴りつけたり、彼らの日本叩きはエスカレートする一方でした。しかも、中国政府はそんな暴走を取り締ろうとしないばかりか、李肇星《りちょうせい》外相は「こうなったのは日本が過去の歴史を反省しないからだ」と盗人猛々《ぬすっとたけだけ》しい声明を発表しています。政府・国民が一体になって、安っぽいナショナリズムに火を点《つ》けまくっているかのような光景でした。

振り返ってみれば、満洲事変（昭和六年）の直前、シナ大陸には「排日侮日《はいにちぶにち》運動」の嵐が吹きまくり、それが引き金のひとつとなって事変が勃発したのは周知のとおりですが、昨今の中国の狂態はなにやら当時の再来のようにも思えます。

事変当時、「日貨排斥」を叫んだ中国人たちは在満の日本人には物を売らないばかりか、日本人の店からは物を買わず、また日本人の女子供と見るや石を投げつけ、一触即発の険悪なムードが漂ったものです。

そのころの様子について、満鉄（南満洲鉄道）社員で「満洲青年連盟」の理事をしていた山口重次氏はこう書いています。

奉天では日本人がうっかり城内にいくと、巡警、野次馬でふくろだたきに会う。小学児童の通学には、領事館警察隊が護衛していったが、それでも投石された。(『消えた帝国満州』毎日新聞社)

このように追いつめられ(中略)満鉄が事業不振で大縮減をやれば、満鉄に付随しているいろんな業者が参ってくる。まず土木業者が手をあげる。料理屋、旅館も火の消えたようになる。付属地外の日本人工業、鉱業、林業も圧迫で事業をやめざるをえない。二十万人の日本人は旗を巻いて日本に引きあげるか、残って餓死するかのどたん場に追いつめられたといってもいい過ぎではない。(同上書)

いま、インターネットの呼びかけに応じて暴徒と化した中国人たちが、日本大使館や総領事館、あるいは日系の店を襲い、日本製品のボイコットに走っているのを見ると、満洲事変前夜の日本人の憤《いきどお》りが手にとるようにわかります。

しかも、周知のように中国は食糧や海底油田を求めて海のほうにも進出してきています。

たとえば、日本の固有の領土である沖の鳥島を「岩だ」と言い張って自国の海域を広げようとしています。あのあたりで魚を獲りたいという狙いからです。

また尖閣列島付近ではガス田の開発のための探査をはじめ、しきりに海底調査船を出しています。

こうした貪欲な中国を見て、文部科学省系の研究機関「社会技術研究システム安全・安心研究センター」はこんな趣旨のレポートを発表しました。――中国が経済性を無視して無謀な資源獲得に走れば、世界は資源獲得競争に巻き込まれ、東シナ海の資源をめぐっては日中間の緊張を一層高めることになるだろう、と。

もちろん中国のこうした動きに対して、アメリカも指をくわえて見ているわけではありません。したがって緊張はますます高まっていくはずですが、しかし中国としてもアメリカを真正面から敵視するわけにはいきません。どうひっくり返っても、アメリカには勝てるはずがないからです。

そこで、いつも腰のフラフラしている日本を叩き続ける。これが昨今の「反日熱」のひとつの原因です。

## 中国はどこまで貪欲なのか

中国はこのところ毎年、対前年比二桁《ふたけた》のスピードで軍備拡張を続けています。旧ソ連（ロシア）からどんどん武器を買い、技術も買っています。潜水艦も買い、さらには戦闘機も買っている。日本からODA（政府開発援助）をもらいながら、年間のGNP（国民総生産）の二割以上も軍備拡張に使っています。そんな非常識なことを続けているのが中国という国です。

二〇〇三年は、有人宇宙船「神舟《しんしゅう》5号」の打ち上げを成功させました。また工業も大いに発達している。そうして国威発揚に努めています。

しかし無茶な軍拡・無謀な経済成長を続けていると、突如困ったことが起こります。

石油の不足です。

一九六〇年代、旧満洲・黒竜江省《こくりゅうこうしょう》の大慶《たいけい》で油田が見つかり、石油が出たとき、あまり質のよくない石油だから買い手がつきませんでした。それを買ってやったのが日本です。田中角栄が首相のとき、大慶油田の石油を買ってやった。それで感謝されたこともありましたが、現在は輸出どころではありません。開発狂乱時代の中国はいま石油の奪い合いでひどいことになっています。

現在、原油の値段が急騰しているのは中国が猛烈に石油漁りしているのが一因です。

中国はいま、ビルマ（ミャンマー）を通って雲南省へ抜けるパイプラインの建設を検討しています。これは大東亜戦争中、英米軍が蔣介石軍に武器・弾薬・物資を送った「援蔣《えんしょう》ルート」と重なるルートですが、これができれば中国はマラッカ海峡を通らずに国内に石油を運べるようになります。

ビルマは軍事政権だからといって、日本がODAをストップし、放っておいているうちに、日本からODAをもらっている中国がビルマの援助に乗り出して、いつの間にかビルマに地歩を固めてしまったのです。鳶《とんび》に油揚をさらわれたというより、危険な状況になってしまいました。ビルマが中国化すれば中国の勢力がインド洋近辺にも張り出してきて、日本にとってもアジアにとってもきわめて深刻な事態に立ち至るからです。

軍事政権であろうが何であろうが日本の安全の維持が第一なのだから、日本もビルマの政権を認め、ODAを再開してもっと援助すべきだったと私は思っています。

もちろん、中国は石油を買い漁っているだけではありません。積極的に海底油田やガス田の探査・開発に乗り出しています。

尖閣列島周辺をふくむ東シナ海一帯には豊富なガス・石油資源が存在していて、その埋蔵量は原油一千億バレル以上、天然ガス二千億立方メートルといわれています。しかし、この海域の油井《ゆせい》は日中中間線にまたがっています。資源が境界をまたいでいる場合は、埋蔵割合に応じて配分する必要があるため、日本はその探査・開発を控えてきました。ところが、そのあいだに中国は勝手に採掘をはじめたのです。まさに「盗掘」といわざるをえません。

日本はいま慌てて対応策を練っていますけれども、この問題をめぐっては今後、中国側が実力で日本の妨害に出てくることもありえます。その場合は日本政府としても、海上自衛隊の艦艇を出動させることもありうる、というぐらいの決断力がなければなりません。

## いまだに領土拡大に走る中国の「愚」

一九九一年のソ連崩壊によってヨーロッパでの冷戦は終わりを告げましたが、東アジアではまだ冷戦は終焉《しゅうえん》していません。社会主義国家の中国、北朝鮮がどんと居座っているからです。冷戦が終わっていない何よりの証拠は、いまも触れたように中国が領土拡張精神を棄てていないことです。

戦後のアメリカにもいろいろ問題はありますが、しかし領土拡張の意思がないことだけははっきりしています。かつてのアメリカはハワイを取り（一八九三年）、フィリピンを取り（一九〇〇年）、さらには満洲に出たがったり（一九〇五年の日露戦争後）と、たしかに領土的野心がありました。しかしこの前の戦争ではさすがにフィリピンを棄てました。

戦後、領土的野心を示し続けたのは社会主義圏の国々でした。すなわちソ連であり、中国です。ただしソ連のほうは領土的野心を示すどころか、逆にいくつもの共和国に解体してしまいました。しかし中国は、相変わらず拡大につぐ拡大を図っています。十九世紀の帝国主義国そのものの姿です。

ご存じのように新疆《しんきょう》ウイグルもチベットも、中国政府が力でもって抑えつけ支配しています。そんな領土拡張の波に呑み込まれて、かつては清朝《しんちょう》の主《ぬし》であった満洲族もほとんど消えてしまいました。

そのうえ中国はいま、前述したように海洋に進出しようとしています。そして東シナ海に出てきました。海軍まで出動させています。この海洋は、もう少し出ればグアムです。もっとも、そこまで出るとアメリカと真《ま》っ向《こう》からぶつかることになりますから、そこまでは出ないでしょう。ただし、日本とはどこまでぶつかれるか、ということを試しているような気配があります。

台湾に対しては二〇〇五年の三月、「台湾が独立に向けて動き出せば、非平和的手段すなわち武力を行使してそれを阻止する」という内容の、とてつもない「反国家分裂法」をつくりました。中国の傲慢《ごうまん》はまさにとどまるところを知りません。

しかしアメリカのほうも台湾防衛の意思は固いので、中国がアメリカと戦争をするつもりでなければ、台湾の武力解放などとてもできません。いやそれどころか、アメリカは目下インドとの関係を良化させているし、パキスタンとも同様の関係にあります。キルギスなど、旧ソ連領だった地域にも軍隊を駐屯させています。ということは、中国は完全にアメリカに包囲されているという見方もできます。

したがって中国の指導者が冷静であれば、このあたりで軍備拡張はやめたほうがいいと気づくはずです。じっさい、十三億の人口のうち十億人は食うや食わずといわれる国を侵略しようなどという間抜けた国など、あろうはずがありません。そんなことをしたら全部自国の負担になりますから、そんなばかなことは絶対にしない。

そうだとすれば、武力の拡張など中国にはまったく必要がないのです。

それにもかかわらず中国が軍備拡張に血道《ちみち》を上げるのはなぜか。結局は「百年後《おく》れ」という劣等感を消したいということではないでしょうか。

## やがて中国の崩壊がはじまる

これは推測以上の勘ぐりになりますが、中国が必要以上に軍拡に走り、領土拡大に目の色を変えるもう一つの理由はやはり、中共政権が危なくなってきているからではないでしょうか。私はそう見ています。なんといっても金持ちをつくったら、これはもはや共産主義ではありません。かつてのベストセラーの題名ではありませんが、やがて中国の崩壊がはじまる、といえそうです。

マルクス以来の共産主義の基本は「私有財産の否定」です。私有財産ができるような制度はよくない。財産は悪いものであるから相続させてはいけない。そういった私有財産否定の思想が根本にあります。

したがって大きな工場でも何でも、事業はすべて国有にする。農業すらもコルホーズ（集団農場）、ソホーズ（国営農場）といったように、みな共同農場にする。これが共産主義の核心です。こうした集団化、すなわち私有財産の否定が崩れたら、それはもう共産主義でも何でもありません。

ところが現在の中国は、「改革開放」を叫んだ鄧小平《とうしょうへい》以来――政権は共産党の一党独裁だけれども、「ネズミを捕る猫なら白猫でも黒猫でもいい」、つまり金を儲ける人間ならだれでもいいと、そういうことをいいだした。社会主義的市場経済という、何が何だかわけのわからない経済体制がスタートして、私有財産を認めるようになったわけです。資本家が生まれ、彼らが共産党に入党するという珍妙なことになった。

かくして国内に大金持ちが続々生まれるようになりました。当然、ものすごく財産をもった人と全然もっていない人に分かれるようになった。これではもはや共産主義とはいえません。

たしかに毛沢東はたくさんの人を殺しました。カンボジアを「キリング・フィールド」（殺《さつ》戮《りく》の野）と名づけた映画がありましたが、その伝《でん》でいけば、中国は「キリング・コンチネント」（殺戮の大陸）です。毛沢東および中国共産党はそれほど大量に自国民を殺しました。フランスの共産主義思想の研究家であるステファヌ・クルトワとニコラ・ヴェルトの共著『共産主義黒書』（恵雅堂出版）によれば六千五百万人が殺されたといいます。それにもかかわらず、毛沢東時代の中国にどこか安定感があったのは、国民みんなに「平等だ」「平等になるんだ」という幻想があったからです。当時は大部分の人が貧しかったから、その幻想が通用したのです。

ところがいまや大金持ちが生まれ、貧富の差は拡大する一方です。大部分の国民のあいだには不満が鬱《うっ》屈《くつ》している。平等幻想など吹っ飛んでしまった。げんに、公式に報道されることはなかったけれども、中国本土では二〇〇四年一年間で六千件の反政府デモがあったという情報もあります。

「平等の夢」こそ共産主義国家という建築物の土台となる岩盤なのです。いまのような状況では、共産主義のいちばんの土台となる岩盤がぐちゃぐちゃに崩れてしまったということです。

中国政権という建造物はいつ崩壊するかわかりません。これが中共の指導者たちがいまいちばん心配していることだと思います。

だから彼らは、国民の不満を逸《そ》らそうとして「反日デモ」も見て見ないふりをして不平不満のガス抜きをしたのです。江沢民《こうたくみん》以来の徹底した「反日教育」も、自分たちのつくりあげた体制の矛盾から国民の目を逸らそうという画策の一環だったというべきです。

今回の反日デモに関して、ヨーロッパのマスコミも次のように中国の「あせり」に焦点を当てています。

> 中国政権にとって、市場経済移行に伴う政治的・社会的緊張を制御することが困難を増したために、国民の反日の怒りを制度化して利用している。(フランス「ル・モンド」紙)
>
> 中国政権は国民の感情を駆り立てて、安保理常任理事国入りを狙う好ましからざる新顔(日本)を阻止しようとしている。(イギリス「エコノミスト」誌)
>
> 中国の対日デモは旧東ドイツの官製デモと同質であり、中国指導部はアジアのライバルを排除するためにデモを利用している。(ドイツ「ウェルト」紙)

体制崩壊の可能性にまで言及しているわけではありませんが、各紙・誌とも中国批判の論調を強めているのは大人の見識というべきでしょう。

## 流砂のごとく大崩れする予感

すべてのものには基礎が必要です。この基礎が揺るげば、いかなる建造物であれ体制であれ、だめになってしまう。これが天然自然の鉄則です。

たとえば、ソ連はなぜ基礎が揺らいだのか。

ソ連をつくったときの共産主義の理論のひとつは「労働価値説」です。これは簡単にいえば、労働の価値について「質」は考えないという理論です。すなわち、壮健なる男子の一単位の労働時間が生み出す価値も、老人の一単位の労働時間が生み出す価値も同じだと考えるわけです。そのあいだに差異を設けない。したがって労働時間と労働者の数を掛ければ労働総量が出てきます。

ソ連の国旗は赤い旗に、シンボルは鎌と槌《つち》でした。工場では槌でトンテンカンとやっていた。農業はひとりひとりが鎌をもって麦を刈る。その程度のレベルでした。これなら、おおまかにいって労働価値説が成り立ちます。どんな働き手でもひとりで五人分も働くことはできないからです。壮年と老人のあいだに差があっても、その差はそれほど隔絶したものではありません。ところが自然科学が進むと、そんな単純なことではなくなります。能力があって機械を発明したり、それを使いこなせる人と、そうでない人とのあいだには百倍、千倍もの開きが出てきます。そうすると労働価値説など成り立ちません。

共産主義体制の基礎が労働価値説で、その労働価値説が成り立たなくなってしまったのだから、当然その体制ももたなくなります。それでソ連は一挙に瓦解《がかい》してしまったわけです。

一方いまの中国は、私有財産の否定に基づく「平等」という岩盤に罅《ひび》が入ってしまった。そこでその岩盤（私有財産否定による平等）を取り払って、上乗せの建築（共産主義政権）だけを残したようなものですから、これは必ずや瓦解せざるをえない。この恐怖感をリーダーたちはもっていると思います。

その恐怖感から逃《のが》れるために何をしたらいいか。本来なら、国民総選挙をして共産党以外の政党をつくることです。そうすれば国民の不満を代弁する政党ができます。共産党の政策が行き詰まったら、別の党と政権を交代する。そうすることによって国民の不満を吸収することができます。これがイギリスの名誉革命（一六八八年）以来、世界中が学んできた智恵です。イギリスではトーリー党（保守党）とホイッグ党（労働党）とが二大政党として政権交代をしながら政治を担ってきたことは周知のとおりです。

しかし、いまの中国はこの智恵に学ぶことができません。現在の体制を手放したら、いま儲けている連中も既得権を手放さなければならなくなるから、そのロスが大きすぎるのです。そこで、なんとかして現体制のまま国をまとめたいと思っているわけです。

しかしそううまくいくものかどうか……。

このまま「平等」という幻想を崩していったら、流砂《りゅうさ》のごとくザザーッと大崩れする恐れがあります。

孫文はむかし、こういっています。彼は革命運動をしているとき、やり損なうたびに何度も日本に逃げてきて日本を知っていましたから、日本と中国を比較して、「日本人はもち米みたいでグッと握ればすぐ固まるけれども、シナ人は砂のようだから手を放せばバラバラになってしまう」と。この比喩はまだ生きています。

中国にはいままで共産主義の「平等」という幻想があり、しかもだんだん国が大きくなってきたから、そのうち台湾まで取ってやるぞという幻《まぼろし》もあったわけですが、いったんその幻想が崩れると、十三億の人間が一気にバラバラになってしまう恐れがあるのです。それをなんとか食い止めなければならない。

だから今度、台湾に対して「文句があるなら武力解放するぞ」といわんばかりの反国家分裂法をつくったのです。

国民の反日運動も野放しにする。それから反日教育もエスカレートさせる。反日教育というのは——われわれは日本と戦争をした、その日本軍はわれわれにひどいことをした、と教えることです。ありもしない南京大虐殺をでっち上げて愛国ナショナリズムを掻き立てることです。

もっとも、周恩来(元首相)など、戦争を知っている世代が生きていたあいだは中国も「南京大虐殺」などということはいいだしませんでした。彼らは大虐殺などなかったことを知っていたからです。鄧小平も大虐殺などということはいわなかった。彼も当時のことをよく知っていたからです。ところが江沢民の世代になると戦争を知らない。自分の政権を守るためには絶えず敵をつくっておくほうが有利だから「南京大虐殺」を囃《はや》し立てたのです。またそのほうが軍のウケもいい。それでものすごい反日教育をはじめたというわけです。

じっさい、ブッシュ大統領が、江沢民の反日教育は害になるのではないかと警告したほど悪い教育をやってきました。シナ大陸のいたるところに大虐殺の碑を建て、反日を煽りに煽った。周恩来の時代などにはなかったことです。

また、中国が日本と戦争したことはたしかですが、しかしほんとうに戦ったのは蔣介石率《ひき》いる国民党の軍隊です。共産軍は山の中に逃げていました。二、三度ちょっと大きなゲリラ戦をやって、少々成功した程度です。日本軍が徹底的に討伐をしたあとは出てこなくなってしまったものです。

ところが中国の一般民衆は無知だから蔣介石の軍隊と共産軍の区別もつかないのです。また、日本が占領したところは国民党軍がいたところより治安がよかったということも知りません。だから若い者は、政府におだてあげられていくらでも舞い上がってしまうのです。

結局、中国政府は「反日熱」を煽って、バラバラになりそうな砂を一生懸命固めようとしているわけです。

繰り返せば、中国共産党政権の存立を支えている二本の柱は、

①古い帝国主義時代型の領土拡大による国の権力の増大

②反日

ですが、しかし岩盤が崩れてしまったために、その上に乗っている繁栄が大きければ大きいほど崩壊は確実になるといえそうです。

## 居丈高な北朝鮮の秘密

さて、もうひとつの社会主義国家・北朝鮮はなぜあれほどに居丈高《いたけだか》なのか。

北朝鮮など、ほんとうは取るに足らない国です。それにもかかわらず、あれだけ傲岸不遜《ごうがんふそん》なのは朝鮮戦争（一九五〇年）のときの中国との軍事同盟がまだ続いているからです。街の不良少年の喩《たと》えでいえば、バックにやくざがついているから、金正日はふんぞり返っているのです。だから、アメリカとしても不用意に北朝鮮を叩くわけにはいきません。日本も、中国と戦うつもりでなければ簡単には叩けない。中朝間の条約関係が北朝鮮のバリアになっているのです。

そうするとアメリカがいうように、北朝鮮に対しては中国から圧力をかけてもらうのがいちばんいい。だから盛んに、アメリカ、日本、韓国、中国、ロシア、そして北朝鮮の「関係六か国協議」を提唱しているのです。この六か国のなかで、北朝鮮といちばん深刻な関係があるのは日本と韓国です。アメリカはあまり関係がないといえば関係ない。そのアメリカが「六か国協議」を強くいっているのは、要するに北朝鮮問題は中国問題だと認識しているからでしょう。北朝鮮の背後には、覇権国家・中国がいることを見抜いているわけです。

北朝鮮が何だかんだと強硬な姿勢を崩さないのは、中国が本気になって北朝鮮を抑えていないからだということは明白です。だからアメリカは「六か国協議、六か国協議」といっている。北朝鮮問題解決の下駄を中国に預けている。そしていよいよとなれば、「六か国協議がいやなら今度は国連問題にするぞ」といえばいい。中国のほうが、それはまずいということになるでしょう。

したがって日本が現在とっている政策、つまり「六か国協議の推進」はおおむね正しい選択だろうと思います。そしてこの六か国協議が進展しなければ、第二段階として北朝鮮に対する「経済制裁」を考える。

経済制裁にはやり方がいろいろあります。私は、過去のアメリカの経済制裁のやり方をもう少しきちんと研究すべきではないかと思います。というのもアメリカはこれまで、不愉快だと思った国に対して経済制裁を実施してきました。そこの国の人間がアメリカにもっている財産を凍結してきました。日本もいざとなったら、日本にある北朝鮮系の財産を全部凍結すべきです。そしてそのやり方については、アメリカによく学ぶことです。

これまでアメリカで財産凍結を実施した経験のある人を「北朝鮮問題特別顧問」として雇えばいいと思います。これは明治政府が使った手です。ほんとうにむずかしい問題については、その経験のある専門家を外国から呼ぶことです。日露戦争までの日本はそういうかたちで「お雇い外国人」の智恵を借りています。今回の北朝鮮問題でも、その手を使うことを提言します。

## 盧武鉉大統領を叱る！

北朝鮮に並んで非常に流動的なのは韓国です。

盧武鉉《ノムヒョン》という大統領はどうしようもない男であるということが明らかになりました。歴史的知識もなければ人間的信義もありません。あえてそういっていいと思います。

たとえば二〇〇四年暮れ、鹿児島で日韓首脳会談を開くとき、盧武鉉大統領は「鹿児島は西郷隆盛の生れた国（薩摩藩）だからいやだ」とゴネました。西郷隆盛と「征韓論」が結びついているのです。ところが西郷隆盛は、実際は武力をもって韓国を攻めるという意見を抑えて自分が犠牲になるといったのです。彼の征韓論は「おれひとりで韓国へ行って殺されてくる」というものでした。

一八六八年に維新が成り、明治新政府は「政権が朝廷に戻った」旨、当時の韓国（李王朝）に国書を出しました。ところがその国書のなかに、

本邦《ほんぽう》、頃《このごろ》、時勢一変、政権一ニ皇室ニ帰ス。貴国トノ隣誼《りんぎ》、固《もとより》厚シ。

といった文言があったため、韓国は国書を受け取りませんでした。「皇」という字はシナの皇帝のみが使うべき文字だからといって拒絶したのです。「皇」を称するお方《かた》は北京にいらっしゃるだけだ、自国に「皇室」という文字を使う「倭奴《ウェノム》」（日本人）は無教養きわまりない、といって怒りに打ち震えたのです。

それに対して、当然わが国では、韓国はなんと無礼な国だといって一気に征韓論が湧き起こりました。しかし西郷は――いくら無礼な国だからといって、ただちにそれを軍隊で攻めるというのはムチャである。それより自分が一兵も連れずに行く、といいました。行けば必ず殺される。攻めるのはそれからでいいではないか、といったわけです。

だから西郷隆盛は全然「武断派」ではありません。西郷は征韓論を抑えた側です。げんに、西郷が閣議などの公的な場で征韓論を主張したことを示す史料はありません。それどころか閣議においては出兵に反対し、平和的交渉による日韓国交正常化を力説しています。西郷隆盛の征韓論というのはまったくの俗説にすぎません。

そんな基本的なことも盧武鉉は知らないのです。それで日本へやってきて、征韓論イコール西郷隆盛という頭で会談場所に文句をつけたのです。

しかもそのときの会談では、「今後、歴史問題はもち出しません」といっていたのに、文字どおりその舌の根も乾かないうちに、ふたたび歴史問題を持ち出してきました。こんなデタラメな大統領が通用する国があるのかと、ただひたすら呆れるばかりです。

しかし考えてみると、四十年前の昭和四十年（一九六五年）に日韓基本条約が成立したとき、その条約のなかに明文で、過去のことは持ち出さないことが規定されていて、お互いの国会で批准されているのです。それにもかかわらず、いつも歴史問題を持ち出す韓国の大統領は歴代ウソつきです。何度も公の場で嘘をついてきました。日本との交渉の場では「今後、歴史問題は出さない」というのに、自分の国に帰ると、すぐ歴史問題を持ち出す。盧武鉉の前の金大中《キムデジュン》もそうでした。

金大中も盧武鉉もそうですが、みずからの政権支持率が低調なので、国民の批判を逸らすために日本をスケープゴートにしているのです。もっとも彼らの言い分によると、自分は蒸し返したくないのだけれども日本の大新聞が煽《あお》るから出すのだといっています。まあ、そんな面もあるのかもしれません。

しかし何はともあれ、公の席で「出さない」といったら出すべきではありません。それが一国の大統領の重みというものでしょう。

## 韓国は夜郎自大の「小中華」主義

コリア人には、もちろん個人的には優れた人が大勢います。

私にはひとり北朝鮮人でよく知っている人がいます。朝鮮戦争のとき、アメリカ軍の捕虜になり、そして脱出して日本にきた人です。私の家にも一年ぐらいいたことがあります。非常に立派な人でした。

二十数年前、サバティカル・イヤー（研究休暇年）で一家を挙げてイギリスのエディンバラへ行ったときは、留守宅を彼に預けました。電気や水道代などは自動引き落としですから全部ただですが、そのほかの細々した費用にと、郵便貯金の通帳と印鑑まで渡して行きました。それぐらい信用できる人でした。じっさい、帰ってからも何もおかしな点はありませんでした。コリア人にもそういういい人がいることは、私も体験的によく知っています。

ところが、それが集団としての国になると、これぐらい愚かな国があるものかなと、不思議に思うくらい愚かに見えます。朝鮮半島の歴史を見てもこれほど愚かな……と、思わず溜息が洩れてしまいます。こんな国はちょっとありません。

世界の歴史を繙《ひもと》いて、これほど愚かな王さまはいないのではないかなと呆れ果てるのは、名誉革命のきっかけをつくったジェームズ二世です。国王大権を乱用して、それまでなかった常備軍をつくったり、カトリックの復興を図ってプロテスタントの大臣を次々に罷免《ひめん》したりした王さまですが、このジェームズ二世の詳しい伝記を読むと、どうしてこれほど愚かになれるものかと思います。

しかし、これはひとりの王さまの話です。

ところが韓国の場合は、出てくる大統領、出てくる大統領、みな問題ありなのです。げんに、その座を去った大統領はほとんどといっていいくらい不正や汚職を追及され、お縄を頂戴《ちょうだい》しています。まともなのは日韓基本条約（一九六五年）をまとめ上げ、「漢江《ハンガン》の奇跡」と呼ばれる経済復興を成し遂げた朴正熙《パクチョンヒ》大統領ぐらいのものでしょう。しかし彼は暗殺されました。そしていまの韓国は、その朴正熙批判をやっています。「唯一」といってもいいくらいまともな人を批判したら、その国がまともでなくなってしまうのは当然ではないでしょうか。

個々のコリア人ではなく、集団として朝鮮半島を眺めてみると、どうも彼らは「日本」と聞いたとたんに急性痴呆症になってしまうようです。国としてまともな判断ができなくなってしまう。これを逆にいえば、彼らにとって日本という国はそれだけ重くのしかかっているのです。

それを思うと、私はまさに同情に堪えません。

ところが同じようにのしかかられても、相手が中国だと、コリア人は素直です。それは何百年間、朝鮮半島がシナの属国だったという歴史があるからだろうと思います。いわば、コリア人はシナ文明圏にすっかり呑み込まれているのです。

李朝にしても、李成桂《りせいけい》という高麗朝《こうらいちょう》の武人が元朝《げんちょう》を倒すにあたって手柄を立てたので、明《みん》朝《ちょう》から王にしてもらったのが発端です（一三九二年）。そのとき「朝鮮」という国号までつけてもらっています。その後は年号や制度もみな明（シナ）と同じ。そんな体制が五百年ぐらい続きました。

周知のようにシナには古くから、文字どおり紀元前から、「中華意識」がありました。「華」

とは文明です。自分たちは文明国だという意識です。そして、文明があれば野蛮がなければいけない。その野蛮を「夷《い》」と呼びました。日本など、シナの東にあるから「東夷」です。

自分たちの「華」を中心にして、東西南北に蟠踞《ばんきょ》する野蛮人を東夷《とうい》・西戎《せいじゅう》・南蛮《なんばん》・北狄《ほくてき》と呼びました。これに倣《なら》って明《みん》の分家である李氏朝鮮《りしちょうせん》も中華意識を共有し、シナの「中華」に対して「小中華」と称するようになったのです。

したがって東海の小島の日本など「東夷」と見下す。まさに夜郎自大《やろうじだい》です。

そんな歴史をもっていますから、韓国も北朝鮮も、相手が日本だと大袈裟に反発しますが、シナ帝国であれば重くのしかかられても屈辱感をもたないようです。歴史的にいってシナ帝国に屈することには抵抗感がないのです。

もちろん韓国人のなかにも、かつての朝鮮戦争を知っていて、あれは北朝鮮と中国による侵略だったと覚えている人もいるでしょう。あるいはすっかり民主主義が身について、中国のような共産党の一党独裁政治はいやだという人もいるでしょう。しかし、安心はできません。盧武鉉のような大統領がいて、中国と同じように反日教育に熱を入れています。また、きわめて左翼的なその政権は、平然と拉致を行い核開発もしている北朝鮮に対して宥和策《ゆうわさく》をとっています。これは問題です。

韓国の人たちは自分たちが弱体であることをいやというほど知っていますから、潜在的に北朝鮮といっしょになりたいという欲望が非常に強いのです。

韓国人でもリアリスティックな人は、北朝鮮のような貧乏国を抱えたら大変なことになると思っているはずです。あの西ドイツにしてからが東ドイツを抱えてひどいことになっているわけですから、北朝鮮との統一は望まない。しかし話のわかる人たちばかりではありませんから、朝鮮半島がひとつになればずっと偉大なる国になれる、あの天敵・日本にも匹敵できるかもしれない、そして竹島に北朝鮮のミサイルを置けば……などとばかげたことを夢想しているかもしれません。

われわれもそう油断はできません。

## 台湾は日本の生命線

日本にとって決定的に重要なのは、あるいは台湾の情勢であるというべきかもしれません。というのも、前述した「反国家分裂法」を楯にとって中国が台湾に武力侵攻して、台湾を中国のものにすれば、太平洋における中国の強さが格段に増すからです。台湾を中心にして、沖縄あたりまでが中国の内海《うちうみ》になってしまいます。そうなったら、日本のシーレーンなど無いも同然。わが日本はまったくお手上げ。ギブ・アップです。

日本は東南アジア諸国と貿易し、また中近東からは石油を買っています。

そのとき、台湾が中国に呑み込まれたら、あるいは香港のようになった場合、どんなに日本の権益が脅かされることか。東南アジアを経由して中近東に通じる輸送ルートはきわめて不安定になってしまいます。

その意味でも台湾は、日本にとって最重要の戦略的位置にあります。

安全保障の面からいっても同様です。現在のように台湾にアメリカの優秀な武器を持った軍隊がある場合と、そうではなくて台湾が中国にすべての基地を提供するようになり、グアム島までアメリカ軍の橋頭堡《きょうとうほ》が何もなくなってしまう場合とでは、日米両国の国家安全にとって天地ほどの開きがあります。

日本にとって、かつては北海道が非常に重要でした。ソ連が攻めてくれば、それは北海道からだったからです。しかしいまやロシアが軍事的に侵略してくる可能性はほとんどありません。現在の脅威は明らかに、ものすごい勢いで軍備拡張を続けている中国です。その中国が台湾を呑み込むことが怖いわけです。

だから中国が台湾を武力合併するというなら、アメリカといっしょになって日米合同の軍事行動を取るぐらいの態勢を整えておかなければいけません。

ついでにいっておけば、北朝鮮に対しても備えをしておく必要があります。とにかく彼らはは日本としては核開発していることを認めているのだし、ミサイル開発も熱心なようですから、日本としては「専守防衛」といっているだけではだめです。専守防衛は考え直さなければいけません。なぜなら専守防衛というのは、相手が攻めてきたらそれを守るという考え方です。いわば本土を戦場にすることです。これは日本が絶対にとってはいけない方法です。

日本がポツダム宣言を受諾したのはなぜか。それは本土決戦をしたくなかったからです。本土を戦場にしてわが国を焦土と化したくなかったからです。

ところが専守防衛は、いってみれば本土決戦主義ですから、これは終戦のときの意図に反しています。だからこそ、専守防衛という考えは改めなければいけない。北朝鮮が明らかに日本攻撃のためのミサイル準備をはじめたら、しかるべき手段を取れるようにしておかなければなりません。

もちろん、先制攻撃をするとかしないとか、そういうことはいわないほうがいい。「専守防衛」などということもいう必要はない。日本はこれまで自分を縛るようなことをたくさんいってきましたけれども、国際外交上そういうことはいわないほうがいいのです。

専守防衛というのは、左翼勢力が、軍国化だの何だのいろいろ文句をいうから、政府も苦し紛《まぎ》れにそういわざるをえなかったのです。しかし、もうそんなことをいう必要はありません。左翼にもそういわせるだけの力はなくなっています。

## 台湾を「世界の孤児」にしてはいけない

中国は、台湾は中国の領土だといっていますけれども、そんなことはありません。清朝が少し支配しかかったことはありますが、実効支配したことはありません。

一八七一年のことですから明治四年です。沖縄の漁師の一団が暴風雨にあって台湾に漂着したところ、村の住民たちに首を切られて殺されるという事件がありました。日本国民が危害を加えられたわけですから政府は当時の清朝に対して、台湾住民の懲罰と賠償を要求しました。ところがそのとき清朝は「台湾住民は清朝の支配下にはない」と答えているのです。台湾は「化外《けがい》の地だ」といった。化外の地とは、シナ文明圏以外の土地だという意味です。

その前に、一時オランダが台湾を占領したことがありますが、ほんとうに台湾を支配したのは日本だけです。だから敗戦によって日本が台湾から引き上げたときも、台湾はいったいどこに帰属するのか、はっきりしませんでした。というのも日本は、日清戦争（一八九四年）によって清朝から台湾を譲り受けたわけですが、その清朝は満洲族が建てた王朝ですから、ただちに中国（漢民族）というわけにはいかなかったのです。

そんなとき、シナ大陸で共産党との戦いに敗れた蔣介石軍が台湾に逃げ込んできた。そして、日本の教育を受けた本省人（元から台湾にいた人々）のエリートを三万人以上も殺しています（一九四七年の「二・二八事件」）。恐怖政治でした。だから当時の台湾の本省人は「犬が去って豚がきた」といったものです。戦争中に人気のあった田川水泡《たがわすいほう》の漫画『のらくろ』では、日本兵が「犬」でシナ兵が「豚」でした。だからそういったわけです。

　ただし、犬は規律正しかったけれども、豚はほんとうに浅ましくて強欲で何でも奪っていった。ということで最初、蒋介石や、蒋介石といっしょに台湾にやってきた外省人（シナ本土からやってきた人々）は嫌われたものですが、時がたつとだんだんに定着してきます。しかも政権は蒋介石、その息子の蒋経国《しょうけいこく》と、ずっと外省人が握ってきましたから、本省人と外省人とのあいだの垣根も次第に低くなってきたといいます。

　台湾という国はそうした歴史をもっているわけですが、戦後は、大陸を実効支配していないからという理由で国連から追われてしまいます。元来、国連の常任理事国の椅子は蒋介石政権がもっていたのであって、けっして中共政府のものではなかったのですが、国連は中共に渡してしまった。台湾もあのとき常任理事国の椅子を放さなければよかったのです。そうすればいまも国連にいられたはずです。

　だいたい北朝鮮が国連に入っていて、台湾が入れないなんてばかな話があるでしょうか。

　しかし、蒋介石もあのときはまずかった。蒋介石は当時突っ張っていましたから「中国はひとつだ」なんていったのです。だから台湾の椅子がなくなってしまった……。

もっとも、蔣介石の「大陸反攻」の思いは非常に強かったようです。岸信介元首相が蔣介石に会ったとき、「シナ大陸に攻め込んで共産党を追い出すのはやはり無理でしょうから、台湾に王道楽土《おうどうらくど》を築かれたらいいじゃないですか」といったところ、蔣介石はこう答えたそうです。「岸君の大変穏健な説は参考にするけれども、私はやはり軍事的に解決する以外に道はないと思っている」と。

一方の中国は先ほども触れたように、台湾を統一するということをずっと国民に言い聞かせてきました。だからシナ大陸に近い台湾領土の金門《きんもん》や馬祖《ばそ》での撃ち合いも長いあいだ続いてきたわけです。

ところが台湾は、李登輝《りとうき》さんのときに総統選挙を実施しました（一九九六年）。あれは中国にすれば非常な脅威だっただろうと思います。中国は国の図体《ずうたい》は大きいけれども総選挙はしたことがないからです。それなのに台湾はちゃんと実施した。これは邪魔しなくては、ということでミサイルを撃ったところ、アメリカが航空母艦を二隻派遣してきたので、これはまずいと諦めたわけです。

台湾は堂々たる民主国家といえます。世界の常識からすれば、東チモールなどという人口八十万人前後で、経済的にも独立できない国に独立を認めているのに、人口二千万人、外貨保有高はつねに世界の二、三位をキープしている大国・台湾の独立を認めないのは偽善の極《きわみ》というべきです。

われわれは日本の国益のためにも、台湾の国連入りを訴えるべきだと思います。

## アメリカは台湾を見捨てない

もちろんアメリカは、中国の手から台湾を守るつもりです。

一九七九年の米台断交後も、台湾との実質的関係を維持するためにアメリカ議会が制定した法律として「台湾関係法」があります。台湾への武力行使を「アメリカの重大な関心事」として、台湾への防衛的武器の供与も規定しています。また万が一、台湾の安全が脅威にさらされた場合、大統領と議会は「適切な行動を決定する」と、台湾防衛の意思も表明しています。

ただしアメリカとしても、いまは事を起こしてもらいたくないというのが本音《ほんね》です。――台湾よ、大陸が武器をもって侵攻してきたら守ってあげるから、いまは静かにしていてくれ、ということでしょう。台湾が早く独立したいと焦る気持はわかる。しかし台湾が「いままでどおりの台湾である」といっていれば中国も事を荒立てまい。そうすればそのうち大陸が崩れるだろう、というのがアメリカの計算のようです。中国と正面衝突しないで済む安全で安上がりな道を取ろうとしているわけです。

そうでなければ、あれだけ民主主義を喧伝《けんでん》するアメリカが、総選挙も行われて民主主義も成熟してきている台湾の国連入りを支持しないのはおかしい。中国が崩れるまで待ってくれという気持でいることは間違いありません。「熱い戦争」をしなくても終局がくる日はそう遠くないよと、そういいたいのだと思います。

ただ、ひとつ非常に怖いことがある。

蔣介石が連れてきた外省人は長いあいだ台湾の政治に君臨していましたから、政界を中心に非常に強力なネットワークがあります。二〇〇五年現在の総統・陳水扁《ちんすいへん》とその前の李登輝は本省人ですが、今後、外省人のだれかが政権をとって、「大陸・中国といっしょになる」といったらどうなるか。そうなった時がほんとうの危機です。

だから台湾独立派の本省人たちは、日本とアメリカが台湾に対してもっとはっきりした姿勢を表明してくれないと、そういう怖れも出てくることを非常に心配しているのです。

しかし私は、楽観的すぎるかもしれませんが、アメリカが台湾を放棄することはありえないと見ています。なぜなら、台湾は民主主義の国であるからです。これを見捨てたら民主主義大国・アメリカは成り立たない。アメリカが台湾を手放さない覚悟があるかぎり大丈夫だと見ています。

その意味でも私は、ブッシュ大統領の在任中に中国の体制が崩壊すればいいと思っています。クリントンのようなリベラルな（左派的な）大統領が出ると、そのあたりのことがとてもあやふやになってしまいます。われわれとしては、台湾が絶対に中国に吸収されることがないよう、最善の努力をすべきだと思います。

日本は台湾支持をもっと上手に訴えるべきです。たとえばイラクに自衛隊を派遣したとき、ブッシュ大統領は大いに感激しました。あのとき——これは秘密条件でもかまいませんが——台湾の国連入りを援助してくださいという条件を出すべきでした。援助してくれたらもっと積極的にイラク派遣に協力しますよ、といえばよかった。

ともかく台湾は日本の国防問題のいちばん重要なポイントなのです。ここを忘れてはなりません。

## 第二章

# 日本は独自の文明圏である

## 日本の国にはふたつの特徴がある

前章で私は、朝鮮半島はシナ文明圏であると指摘しました。ところが日本は、シナ文明圏に属したことはありません。これは非常に大きな意味をもっています。

朝鮮半島は古代からシナ文明の影響力の下にありましたが、海峡をひとつ渡るとまるで違います。私はここを強調したいと思うのです。

西洋人が最初に東洋にきたとき、日本はアジア大陸の東のほうの島なので、シナ文明の一部ぐらいに思っていました。漢字を使っているから、なおさらそう思います。ところが、しばらく研究が進むと、日本は絶対にシナ文明ではないという認識が確立していきます。

たとえば一九三三年に『源氏物語』の英訳を刊行した天才的な東洋学者アーサー・ウェイリーは、英訳『源氏』の後で、“*Civilisation of Japan*”（『日本文明』）という小さい本を書いてオックスフォード大学から出版しています。昭和五、六年ごろ日本で「アジア文化会議」のような会議が開かれています。そのときウェイリーは、イギリスからその会議に出席する学者たちに日本のことを教えようとして、その本を書いたのです。そのなかで、日本はシナ文明ではありませんよ、ということをとても上手に書いています。

日本はシナ文明の一部だと思っている外国人は全然事情を知らない人です。ウェイリーは『源氏物語』を訳すほどだから、そのあたりのことはよく知っていました。しかもシナの漢詩もたくさん訳しています。その彼が、両国は全然違う文明であるといっているのです。

そこで私は、日本は日本文明であって、けっしてシナ文明圏の文明ではないということを日本人全員が認識すべきだと思います。

私が見たかぎりでは、アーサー・ウェイリーの本がそれについていちばんはっきり書いています。それから、戦後アメリカの駐日大使になるエドウィン・ライシャワーさんも戦前、日本はひとつの独立した文明であると書いています。——あんな小さな島に独自の文明が起こるだろうか、という疑問が出るかもしれない。しかしギリシャを考えてみればいい、ローマを考えてみればいい。日本の広さはひとつの文明をつくるに十分な広さである、といった主旨のことをいっています。

さらに、これは私がたまたまアメリカの大学で教えていたときに見つけた本ですが、戦争中、米軍士官のために配られたと思われる“*Japan and the Japanese*”という手引書があります。これを見ても最初から最後まで——日本とシナはどこが違うかと、そればかり書いてありました。

こんなふうに外国からでもよく観察すれば、日本はひとつの文明圏であることがわかります。では、日本はなぜシナ文明ではないのか。

それはすでに万葉の時代に山上憶良《やまのうえのおくら》がはっきりいっています。憶良のお父さんは、日本が唐・新羅《しらぎ》連合軍と戦った白村江《はくすきのえ》の戦い（六六三年）に参加した日本軍の軍人でしたが、負けて逃げ帰った引揚者です。

どこやらの大学の学長をしていたある国文学者は、憶良の父親は朝鮮人だなどと寝惚《ねぼ》けたことをいっていますけれども、引揚者は断じて朝鮮人ではありません。私の妻は敗戦後、満洲から引揚げてきましたが、もちろん満洲人ではありません。それと同じです。

それはともかく、憶良の父親は引揚者でした。だから山上憶良も当時の百済《くだら》（扶余《ふよ》）のあたりを知っていました。またのちには遣唐使として唐にも行っています。したがって山上憶良は壮大な唐の都を見ている。百済も知っている。そして日本に帰ってから『万葉集』に残るような歌をたくさんつくります。

そんな山上憶良が日本についてどういっているか。「好去好来の歌」という歌があります。

そらみつ　大和《やまと》の国は　皇神《すめかみ》の　厳《いつく》しき国　言霊《ことだま》の　幸《さき》はふ国と　語り継ぎ　言ひ継《つ》がひけり

これは非常に重要な歌です。

当時の朝鮮半島もシナ大陸も両方とも知っている男が――「そらみつ」、これは大和の枕詞《まくらことば》ですが、「大和の国は」といって、日本の国の特徴をふたつ挙げています。

ひとつは「皇神の厳しき国」。

もうひとつは「言霊の幸はふ国」。

このふたつの点で、日本はシナや朝鮮半島の文明とは違うのだと、憶良はいうわけです。

## 「皇神の厳しき国」

「皇神の厳しき国」というのは、日本では皇室がずっと続いているという意味です。神話の時代から続いている。こんな国はないと、憶良はいいます。

先ほど山上憶良はシナへ行って唐という国を見たといいましたが、シナでは皇統が続いてはいません。唐をつくったのは「李」という人です。その前の隋という国をつくったのは「楊」です。その前の漢は「劉《りゅう》」。さらにその前の秦は「嬴《えい》」。

みな、姓があります。苗字《みょうじ》がある。そして姓が替わると、民族が八割ぐらい替わったといいます。歴史学者の岡田英弘先生によれば、漢から唐に替わる過程で、八割ぐらい民族が替わっているそうです。それぐらい替わる。

ところが、わが「そらみつ大和の国は」神代《かみよ》から天皇家がずっと続いている。シナとは違う。そのあたりのことを、幕末に近いころ詩や書画に練達した儒者・大窪詩佛《おおくぼしぶつ》は「皇統歌」という漢詩にこう書いています。

天地開闢來　　天地開闢《カイビャク》ヨリ来《コノカタ》
大統長相傳　　大統 長《トコシナヘ》ニ相伝《アイツタ》フ
天子無㆓姓氏㆒　　天子ニ姓氏無シ
正知姓是天　　正ニ知ル姓ハコレ天ナルト
天皇如㆓日月㆒　　天皇ハ日月ノ如ク
萬古無㆓變遷㆒　　万古変遷ナシ
誰道周徳盛　　誰カ道《イ》フ周徳盛ンナリト
劣能八百年　　劣《ワズカ》ニヨク八百年
爲㆑嬴爲㆑劉後　　嬴トナリ劉トナリタルノチ
至㆑今已二千　　今ニ至ルマデ已《スデ》ニ二千年
其間幾姓氏　　其ノ間幾姓氏《イクセイシ》ゾ
相代互忽焉　　相代《アヒカハ》リテ忽焉《コツエン》タリ

如何日出國　如何《イカン》日出ルノ国
相傳自綿綿　相伝《アヒツタ》ヘテ自《オノズカ》ラ綿綿《メンメン》

日本は開闢以来、王朝は変わらない。しかも天皇には姓がない。日本の王朝は日月のようなもので万古不変である。周の文明は盛んだというが、その王朝は八百年にすぎない。しかもその後、嬴となったり劉となったりして、すでに二千年。その間、姓の違う王朝がいくつも替わっている。それに比べ、日出《ひい》るわが国は皇統連綿として、なんと素晴らしいことか、といった意味です。

ここで重要なのは、天皇には姓がないということです。

なぜ姓がないのか。「姓」というのは、天皇が家来に与えるものだからです。「源平藤橘《げんぺいとうきつ》」、すべて皇室からもらった姓です。「源《みなもと》」「平《たいら》」「藤原《ふじわら》」「橘《たちばな》」という苗字はみな皇室から与えられたのです。

皇室は姓を与える側なのです。だから皇室には姓がない。いまも皇族には姓がありません。その後の歴史を説明すれば、さらによくわかると思います。たとえば藤原道長《ふじわらのみちなが》は自分の娘を次から次へと天皇のお后《きさき》にして、三代の天皇が全部自分の孫だということがありました。そこで――、

この世をば　わが世とぞ思ふ　望月《もちづき》の　かけたることも　なしと思へば

という歌を残した（一〇一八年ごろ）のは有名です。

道長はまさに位人臣《くらいじんしん》をきわめました。これを外国人が見たら、なぜ自分が天皇にならなかったのだと思うかもしれません。しかし道長は天皇にはなることができません。なんとなれば「藤原」という苗字があるからです。姓をもった人間は天皇にはなれないのです。

源　頼朝《みなもとのよりとも》は天下を征服して鎌倉幕府を開きました（一一九二年）。武力征服ですから、ふつうの国なら頼朝は国王です。あるいは皇帝です。ところが日本では天皇にはなれません。「源」という苗字があるからです。

こういうふうに、ほかの国の人には説明してもなかなかわかってもらえないことが日本にはあるわけです。つまり「皇神《すめかみ》の厳しき国」の天皇には姓がないということ。皇統が神代から続いているから姓がないのです。

もっともこれに似た例は、むかしは外国にもありました。ギリシャ神話に出てくるアガメムノンはトロイ戦争のときのギリシャ軍の大将ですが、このアガメムノンの系図を辿《たど》ると祖先はゼウスの神に行き着きます。日本でも神武《じんむ》天皇の祖先を辿っていくと、天照大神《あまてらすおおみかみ》に行き着きます。こうした例はゲルマン神話にもありますが、しかし外国ではそれはもうとっくの昔に消えた話です。

ところが日本だけはずっと「皇神の厳しき国」が続いているのです。憶良の時代もそうだったし、驚くなかれ、現在もそうなのです。

南北朝・室町時代に書かれた北畠親房《きたばたけちかふさ》の『神皇正統記《じんのうしょうとうき》』（一三三九年）はこうはじまっています。

大日本《おおやまと》者《は》神国《かみのくに》なり。天祖《あまつみおや》はじめて基《もとい》をひらき、日神《ひのかみ》ながく統《とう》を伝給《つたえたま》ふ。我国のみ此《この》事《こと》あり。異朝《いちょう》には其たぐひなし。此故《このゆえ》に神国と云ふなり。

これはつまり——皇統が連綿と続いているのはわが国だけである。外国（この場合はもちろんシナ）にはそうした例はない。だからわが国は「神の国」だ、という意味です。

こうしたことについて私はかつて『日本史から見た日本人　古代編』（祥伝社黄金文庫）でこう書いたことがあります。やや長くなりますが、重要なところなので引いておきます。

去年も石巻に行った。そして金華山《きんかざん》にも行ってみた。

島には黄金山《こがねやま》神社があって金山毘古神《カナヤマビコノカミ》と金山毘売神《カナヤマビメノカミ》が祀《まつ》ってあり、さらに山頂には大海《おおわた》祇《つみ》神社がある。この三神はいずれも『古事記』によれば、イザナミノミコトからお生まれになったことになっている。

そして、この島から産出した金が朝廷に献上されたのは、天平勝宝《てんぴょうしょうほう》元年（西暦七四九）というから、これまた古い話で、現在の西欧の国はまだ生まれていないころだ。

私はこの金華山の水の美しい海岸で泳ぎながら島を見上げたが、それは、まったくの緑《みどり》島山《しまやま》であった。この島には大木が鬱蒼《うっそう》としげり、野生の鹿もいた。

当然、私はポセイドンの神殿跡の下で泳いだギリシャの体験とを思い合わせざるをえなかった。それはまず木のない山であった。神殿跡はあくまでも神殿跡であって、神殿ではなかった。鹿はおらず、いたとしたら野鼠《のねずみ》ぐらいだったろう。祭りは絶《た》えていた。

つまり古代日本文化は生き物なのに、古代ギリシャ文化は死んだ物だったのである。

古代からの皇統も神社も文化も生きているのが日本という国なのです。これはギリシャとも違うしローマとも違う。シナともまったく違うのです。

## 「言霊の幸はふ国」

もうひとつ、憶良は日本の国の特徴として「言霊の幸はふ国」といっています。これは「自国文学のある国」と考えていいと思います。

わが国には『古事記』や『日本書紀』があります。『古事記』がまとめられたのは七一二年、『日本書紀』の完成は七二〇年とされています。

周知のように、『日本書紀』は堂々たる漢文です。ところが、無数に出てくる神さまの名前、地名、人名は全部大和言葉です。たしかに漢字が当てられているけれども、漢字は単なる発音記号にすぎません。たとえば初代天皇の神武天皇の名は「神日本磐余彦」と記されています。これは「かむやまといわれびこ」と読みます。音《おん》ではなく訓《くん》で読む。その訓が大和言葉なのです。

さらに重要なのは、あれだけ膨大な短歌、長歌が出てきますが、これも漢字はいずれも単なる発音記号で、読むときは全部大和言葉です。「言霊の幸はふ国」だから、大和言葉は翻訳不能である、したがって漢字は発音を写すだけのものだ、という信念をもっていたのだと思います。当時の祝詞《のりと》などもおそらく大和言葉オンリーだったと思います。

ここまでくれば、七世紀後半から八世紀にかけて、自国文学の詞華集（アンソロジー）として『万葉集』が編まれたのも当然の話でしょう。『万葉集』の和歌には漢語は入っていません。

去来子等　早日本辺　大伴乃　御津乃浜松　待恋奴良武

これは「山上憶良、大唐に在りし時、本郷（日本のこと）を憶ひて作れる歌」ですが、訓で読み下せば和歌には漢語を使っていないことがすぐわかります。

いざ子ども　早く日本《やまと》へ　大伴の　御津《みつ》の浜松　待ち恋《こひ》ぬらむ

この『万葉集』に関してはもうひとつ重要なポイントがあります。それは、日本人は和歌の前では平等であった、ということです。

当時、わが国の社会制度は氏族制度でした。天皇と皇子の子孫は「皇別《こうべつ》」、建国の神話と関係のある者は「神別《しんべつ》」、帰化人の子孫は「蕃別《ばんべつ》」と区別されていたほか、職能による区別もありました。武器をつくるものは弓削部《ゆげべ》、矢作部《やはぎべ》といわれ、織物を織るのは服部《はっとり》とか錦織部《にしごりべ》と呼ばれていました。一種のカースト制度といっていいと思います。

ところが、和歌はこのカーストを超越していました。そのことは『万葉集』を見れば一目瞭然です。これは全二十巻、長歌や短歌が合わせて四千五百首ほど採《と》られていますけれども、その作者はどうなっているか。上は天皇から、下は農民、兵士、乞食《こつじき》にいたるまで入っています。男女の差別もありません。和歌の前では日本人はまったく平等でした。

人が何の前で平等であると考えているか——それによって、その国民性の特徴が浮かび上がってくると思います。ユダヤ・キリスト教国にあっては「神の前で平等」であり、ローマ人は「法の前で平等」という建前《たてまえ》をもっていました。そして、日本人は「和歌の前で平等」だったのです。

むろん、シナ文明では皇帝が絶大な権力をもち、平等という観念などありません。この一点をとっても、シナ文明と日本の文明がいかに違っているかがわかります。

時代が下って平安中期（ちょうど西暦一〇〇〇年前後）になると、『源氏物語』が出てきます。いうまでもなく、この作品は世界最初にして最大の小説のひとつです。二十世紀に入って『源氏物語』の英訳が出たとき、イギリスの文学者のなかには「世界の二大小説のひとつ」といった人もいれば、ちょっと数を増やして「世界五大小説のひとつ」といった人もいます。とにかく世界の文学のなかでも片手の指で数えられるほどの「大・小説」です。しかも書かれたのは千年前。書いたのは女性である。そして、そこには漢語がほとんどありません。たしかに

「頭中将《とうのちゅうじょう》」などといった官位名には漢語を使っていますが、いわゆる地《じ》の文で漢語を使っているケースはほとんどゼロです。これがほんとうの文明です。いないこと。大文学《だいぶんがく》に外来語を使っていないこと。これがほんとうの文明です。

さて。

憶良の「言霊の幸はふ国」といったことに関していえば、日本にはたしかに言霊信仰《ことだましんこう》があります。簡単にいえば、言葉には霊魂が宿っているという考え方です。日本人は言葉を信仰の対象にしていたのです。言葉のもつ大きな力を知っていたといっても、同じことです。

私が中学三年のとき、日本は戦争に負けました。だから教科書がありません。国語の先生も「しょうがないなあ」と、ぶつぶついっていました。そこで、「じゃあ、『万葉集』からやるか」といって、先生は黒板に歌を書く。「おまえたちは紙に写せ」というから、私たちは自分の家から持ってきた粗末な紙にその歌を写しました。

籠《こ》もよ　み籠持ち　掘串《ふくし》もよ　み掘串持ち　この丘《おか》に　菜摘ます児《こ》　家聞《き》かな　名告《の》らさね　そらみつ　大和の国は……（雄略天皇）

書き写しているうちに、みな覚えてしまいました。

そして、舒明《じょめい》天皇の国見《くにみ》の御製《ぎょせい》は、

うまし国ぞ　蜻蛉島《あきづしま》　大和の国は

これを写していたとき、それは敗戦すぐの時だったのに、私はジーンときました。あれはいったい何だったのか。というのも、この歌は——、

大和には　群山《むらやま》あれど　とりよろふ　天の香具山《かぐやま》　登り立ち　国見をすれば　国原は　煙立ち立つ　海原《うなばら》は　鷗《かまめ》立ち立つ　うまし国ぞ　蜻蛉島　大和の国は

何ということをいっているわけではありません。直訳すれば——大和にはたくさんの山があるが、そのなかでも優れた香具山に私が登ってみたところ、里には煙が立っていて、湖には鳥が飛んでいる。いい国ですなあ、日本は——という意味です。

しかし、その程度のことを大和言葉だけでこう詠《よ》んでいって、最後に「うまし国ぞ　蜻蛉島大和の国は」というところにくると、しみじみと、ああいい国だなあ、日本はと、そういう気持になったのです。

戦争で焼かれて日本中の大都市は一面の焼野原になってしまったけれども、いい国だ。そういう感じがしみじみこみあげてきました。

まさに言霊の作用としかいいようがありません。だからこそ、六十年以上たったいまもまだ覚えているのでしょう。「言霊の幸はふ国」である日本の歌とは、そういうものなのです。

## 神社を怖がる外国人

いまの中国は病的なまでの「拡大症」に罹《かか》っているから、日本をシナ文明圏に組み入れたいと思っているはずです。ところがいまも見てきたように、日本の文明にははっきりとした独自性がありますから、世界の学者たちも日本をシナ文明圏には入れません。『文明の衝突』（集英社）で有名なハーバード大学のサミュエル・ハンチントン教授もそうです。彼は世界の文明を八つに分けています。西欧文明、東方正教会文明、シナ文明、イスラム文明、ヒンズー文明、ラテン・アメリカ文明、アフリカ文明、そして日本文明です。日本だけは一国でひとつの文明圏をなしています。そう区分せざるをえないと、ハンチントン教授も述懐しています。

しかし、それがシャクな中国人はこういって不平を鳴らします。「日本人は漢字を使っているではないか」と。しかしそんなことを言い出したら、ローマ字を使っている米英はイタリアの植民地か、ということになります。

たしかに日本は漢字を使っています。ところが、いま見たように漢文をそのまま使うのではなく、完全に自分のものとして咀嚼《そしゃく》して、大和言葉の文脈のなかに組み込んでいます。『万葉集』も『源氏物語』も、大文学は日本語だけで書かれていて、少々外来語を利用しているという程度のことです。英語でも少しむずかしい言葉はみなギリシャ語かラテン語からきています。それと同じことで、漢字を使っているじゃないかといわれても、何を寝惚けたことといってるんだ、と言い返してやれば済む話です。

その中国がいま、やっきになって攻撃してくるのは靖国神社です。いちばん勘に触るのは「皇室」なのでしょうが、さすがの彼らもそうはいえないから、靖国神社を攻撃してくるのです。

もちろん、まともな国は靖国神社を攻撃するようなことはしません。イギリスだってアメリカだって、そうです。むしろ将校は、戦争で斃《たお》れた将兵に敬意を表してお参りにきています。二〇〇一年の五月だったと記憶していますが、横田空軍基地の将校会が在日米軍の部隊としては初めて靖国神社を参拝しています。同じ年の八月十八日には、在日米軍太平洋軍司令官が昇殿しています。それ以前にも大勢の米軍将兵が個人として参拝している。ほかの国の軍人や外交官も同様です。

ところが、日本には国を破壊したい日本人たちがいるのでしょう。「A級戦犯を祀《まつ》るのはけしからん」と言い出しました。そうしたら中国と韓国がそれにパッと飛びついた。もともと中国人は神社のことはわからなかったようです。ところが日本の左翼大新聞がそんな靖国批判を書いたものだから、これ幸いと騒ぎ出したわけです。

われわれ日本人は、靖国神社問題については毅然としていればいいのです。第一、靖国批判は内政干渉である。まして宗教問題について外国が口出しするなど、とんでもない話です。また「戦争犯罪人」というけれども、そんなものは東京裁判が勝手に決めた話にすぎません。

それにもかかわらず中国が執拗に神社攻撃をしてくるのは、それがいちばん日本の根幹に触れるものではないかと、彼らが思っているからではないでしょうか。ただし具体的な知識はないと思います。神社は彼らの国には絶対にないものだから、神社というものの本質がわからない。それだけに何か神秘的なものを感じているのです。

神社はみな皇室と関係があります。しかも日本では、本地垂迹説《ほんちすいじゃくせつ》による神仏混淆《しんぶつこんこう》で「日本仏教」の寺ができています。だからますます独自なものになっていったわけです。

本地垂迹説というのは、各地の神社で祀られている神々は、仏教の仏《ほとけ》さまが仮の姿であらわれたものだとする説です。たとえば八幡《はちまん》さまは阿弥陀如来《あみだにょらい》の化身《けしん》だとされています。神社へ行くと時々、ご神体が神さまではなく仏教の仏さまだったりするのはこのためです。

ともかく日本では、仏教と神道《しんとう》を統一する理論を編み出して宗教的な対立を解消してしまいました。ふたつの宗教をうまく和合してしまった。この日本人のアイデアは素晴らしいと思います。

したがって「神社」や「日本仏教」に相当する宗教は世界中どこを探してもありません。だいたい日本仏教のお坊さんは、結婚しても、肉を食ってもいいわけですが、そんな仏教の僧侶がほかの国にいるわけがありません。「南無阿弥陀仏《なむあみだぶつ》」と唱えれば救われるとか、そんな簡単な宗教があるわけがない。まったく日本独特の文化です。

あれはもう十年ぐらい前のことでしょうか。韓国出身の評論家・呉善花《オソンファ》さんと『日本の驕慢《おごり》韓国の傲慢《たかぶり》』（徳間書店）という対談本を出したときのことです。呉善花さんは「日本の神社は気味が悪い」といっていました。韓国には神社がないからそう感じるのでしょう。

彼女はこういっていました。――あの当時、彼女が住んでいた新宿の部屋から神社が見えたそうです。それがとても不気味に思える。だから一日も早くその神社がキリスト教になりますようにと、そう念じていたというのです。

そのとき私はこう忠告したことを覚えています。日本のことを語ろうとするなら神社がわからなかったらだめです、と。それで彼女は勉強をはじめたようです。自分の足でいろいろな神社を回って、結局、『攘夷の韓国　開国の日本』（文藝春秋）という本を書き、その本で山本七平賞をもらっています。

このエピソードからもわかるように、外国人にとって神社というのは、はじめは気味が悪いようです。自分の国にはないし、説明されてもなかなか理解できない。だから、どうしても不気味に思うようです。

靖国神社攻撃も、攻撃する中国側からすれば、神社というのはなにか気持が悪い。そのいちばん気味の悪いものを攻撃しているのだから何か効果があるのではないかと、そう思っているような節《ふし》があります。もちろんそれが彼らの大いなる勘違いであることはいうまでもありません。

## 桜と神社

桜の季節、私は妻と知り合いの人を連れて番町の方から歩いて千鳥《ちどり》ケ淵《ふち》の桜を見て、靖国神社へ行きました。

桜を愛《め》でるのは日本人の特徴です。

私はむかし、シナの漢詩のなかで桜を使っている例があるかどうか調べてみたことがあります。私の見たかぎりでは、ありませんでした。桜桃《おうとう》のようなものが出てくる例はありましたが、いわゆる桜花《さくらばな》はない。考えてみれば、シナ人がひとつの花として豪華でもなく、また実のならならない桜花を愛でるわけがありません。

それは冗談ですが、千鳥ケ淵の桜、お濠《ほり》の向こうの皇居の桜を満喫して、それからひとたび靖国神社へ入ると、広大な敷地は飲み食いの屋台でびっしりでした。花見客が飲み食いしながら大いに盛り上がっています。ところが、一本道を隔てて神殿に近いところへ行くと、そこはシーンと静まり返っている。そこで参拝客が丁寧にお辞儀をしていました。

これが日本の神社なのです。

私は田舎（山形県鶴岡市）で育ちましたから、神社というのは、お祭りの夜に氏子《うじこ》が集まって騒ぐところだということを知っています。みんなでばか騒ぎをする。それを見て神さまも喜ぶ。それが日本の神社なのです。

靖国神社もそうですが、田舎では奉納相撲《ほうのうずもう》をやったり、奉納の剣道試合が開かれます。お祭りのときはドンチャン騒ぎです。真夜中まで騒ぐ。しばしば男女の倫理を忘れたようなことも起こったようです。しかし、神さまは見て見ないふりをしている。日本の神社、日本の神さまにはそんな鷹揚《おうよう》なところがあります。やはり日本人の神さまですから、日本人が喜ぶことはいっしょになって喜ぶのです。

また戦争があって戦死者が出ると、これも神社の出番です。

戦死者が出た家では、自分の家の宗旨で死者を祀ります。ただし国のために戦って亡くなった将兵ですから、コミュニティとして、つまり村としても祀らなければならない。そのときどうするか。

一定の宗派で祀ると、違う宗派の人は困ります。そこでコミュニティの神社ということで、神道で祀る。そうすれば問題は出ません。そこで明治政府は招魂社《しょうこんしゃ》を建てたのです。

九段に招魂社ができたのは明治二年（一八六九年）です。維新による新政府の正統性を打ち立てるためには、薩長軍と幕府軍の最後の戦いである戊辰戦争《ぼしんせんそう》（一八六八年）で亡くなった戦死者の死を「公《おおやけ》の死」とする必要がありました。それで招魂社をつくったのです。その後、招魂社は各地に建てられ、九段の招魂社は明治十二年に別格官幣大社《べっかくかんぺいたいしゃ》・靖国神社となっています。ちなみに、靖国神社には幕府側の死者も祀っているところがあります。

私の父の家は真言宗《しんごんしゅう》です。その家の人間が死ねば、お葬式は当然真言宗でします。ところが村が戦死者を祀るときは、その人が真言宗であろうが日蓮宗であろうが何宗であろうが、神道でみないっしょにやる。母の実家は曹洞宗《そうとうしゅう》です。戦死者はそのお寺で供養しますが、村では神式でやります。

したがって招魂社での儀式も神主《かんぬし》さんが執《と》り行います。超宗派の慰霊祭は、とくにドグマのない日本人の先祖崇拝を根幹とした神式でやるのが自然でしょう。

これが日本人の宗教に対する基本的な姿勢です。

大東亜戦争の当時、戦友同士が「靖国神社で会おうぜ」といったのは、たとえ戦死しても靖国神社なら宗派に関係なく集まれたからです。ところがそういう神社がなくて、みなバラバラだったらどうなるでしょう。こっちの人はキリスト教、あっちの人は浄土宗、あるいは曹洞宗と、天国でバラバラになってしまいます。うっかり戦死すると、もう会えない。しかし「靖国神社で会おうぜ」といえば、そこは宗派の差を超えた日本人としての共同体ですから、そんな行き違いが起こる心配はありません。

私は、日本の神社というのはふつうの宗教とは別に扱わざるをえないところがあると思っています。神道は日本のあらゆる法律ができる前からあったものだからです。

この点を考慮しない政策は、日本では有効ではありません。

## 伝統とは何か

こんな話があります。

東大の大学院で哲学を研究している教え子がいます。私は月に一度、むかしの学生たちと集まって読書会や研究会を続けていますが、そのとき彼が「東大の哲学科ではいま、人を殺してどうして悪いのか――ということを議論しています」といいました。

もちろん私は、それは愚かな議論であるといってやりました。なぜなら、勝手に人を殺してもいいという文化の集団があったら、そこではメンバー同士も殺し合いをするはずだから、その集団は滅びざるをえないからです。そう指摘すると、彼は「はあ?」といってキョトンとした顔をしていましたが、ちょっと考えればわかるはずです。

「人を殺してもいい」というルールがある集団では、メンバー同士も殺し合いをするはずです。そうすれば当然その集団は滅んでしまいます。これを逆にいえば、いま残っている人類の集団は「人殺しをしてはいけない」という暗黙のルールをつくってきたから、残っているのです。だから、「なぜ人を殺してはいけないのか」という設問はまったくの愚問なのです。

このことは「伝統」ということの意味をじつにわかりやすく教えていると思います。人殺しはいけないという伝統的な掟《おきて》があったからこそ、人類は生き延びてきたのです。その伝統がなければ人類はとっくのむかしに滅んでいます。

宗教、とくにカトリックは伝統を重んじます。聖書だって伝統のなかのひとつにすぎないという見方をします。プロテスタントは「聖書万能」主義ですが、カトリックはそうではありません。聖書も大切だけれども、聖書はカトリック教会が聖書だと決めた文書のことだから万能ではない。聖書至上主義ではありません。じっさい、「聖書は悪魔でも引用することができる」

という言葉があるほどです。

伝統を重んじる国はイギリスです。だからこそ、あの破壊的なフランス革命（一七八九年）後に「保守の哲学」を生むことができたのです。ほかの国はフランス革命の影響を受けて、どこでも大なり小なり革命の波にさらされたのに、イギリスだけは革命が起こりませんでした。これも伝統のおかげです。

保守の哲学がイギリスで生まれたのは、十七世紀末の名誉革命を正統化するための苦心の結果であり、また学問的にも、伝統というものに対する考え方が十八世紀の政治思想家エドマンド・バーク以来成立していたからです。それを最もわかりやすいかたちでいったのは二十世紀になって出たG・K・チェスタトンでしょう。『ブラウン神父』シリーズで知られる作家・思想家です。

彼は『正統とは何か（オーソドクシー）』（春秋社）という本のなかで――民主主義には「縦の民主主義」と「横の民主主義」があるといっています。横の民主主義というのは、いわゆる民主主義で、みんなの合意で事を決める。そこに、先祖だったらどう考えるだろうかという見地も入れたものが縦の民主主義である。そして、それこそが伝統を考慮することである。われわれは死んだ人がどう考えるかということも考え合わせなければいけない。そういう意味のことをいっています。

そして、縦の民主主義はまた伝統を考慮した「死者の民主主義」でもあるといっています。

伝統とは、あらゆる階級のうちもっとも陽の目を見ぬ階級、われらが祖先に投票権を与えることを意味するのである。死者の民主主義なのだ。（中略）われわれは死者を会議に招かねばならない。古代のギリシア人は石で投票したというが、死者には墓石で投票して貰わなければならない。（安西徹雄訳）

日本では戦後、いやというほど民主主義が主張されるようになりましたが、横の民主主義ばかりです。いま生きている人間のことしか考えない。この国を築いてきた先人たちのことを考えない。つまり伝統に思いを致さない。これではせっかくの日本の文明もやがて行き詰ってしまいます。やはり、横の民主主義と同時に縦の民主主義も考えなければいけないと思います。

ノーベル経済学賞を受賞した優れた経済学者のハイエク博士も――伝統とは、理屈では説明できないことを説明してくれるところがある、という意味のことをいって、非常に伝統を重視していました。そのときそのときの一時的な理性で判断したことは、百年後、二百年後、それが正しい判断であったかどうかわからないといいます。

したがって物事を判断するときは、これまでの伝統はどうであったか、前例を勘案しないといけない。「人を殺してもいい」などというルールをつくれば、何人かは生き残るかもしれないけれども、人類の大部分は滅びてしまいます。それがそうならなかったのは「人を殺してはいけない」という伝統と智恵があったからです。

おそらくスターリン主義も毛沢東主義も、資本家や反共産主義者はいくら殺してもいいという思想だったはずです。しかし、人間の本性に反するそんな思想は途中でだめになってしまいます。続くはずがない。だから中国もどうやらもっているわけです。毛沢東主義より、人間の智恵と伝統のほうが強かったということでしょう。

われわれも山上憶良以来の伝統を大事にしなければいけません。「皇神の厳しき国」と「言霊の幸はふ国」の伝統です。皇統を尊重しなければいけないし、日本の言葉を大切にしなければいけない。

## 大和言葉の素晴らしさを教えたい

国語の教育はとりわけ重要です。

日本の場合、たとえば小学生であっても古典になっている和歌はわかります。

ところが、イギリス人に十四世紀以前の本を読ませたら絶対にわかりません。英文学専攻の学生でも、特定のその分野を専攻した人でなければ読めません。十四世紀以前の英語はスペリングがいまと違いますが、それを現行のスペリングに直しても読めないだろうと思います。だいたいふつうの教養ある人で、文章を読んでほぼ意味が摑めるのは『カンタベリー物語』で有名なチョーサー（十四世紀）以降です。それ以前のものは、英文科の学生でもとくに専攻したものでないかぎり読めません。

しかし日本の場合は、わかる部分はわりと簡単にわかります。千年前の本だろうが千五百年前の和歌だろうが、読むことができます。また和歌から派生した俳句なども非常にわかりやすい。

だから、私は小学生のころに俳句を教えるべきだと思います。俳句は短詩型文学ですから、漢語を入れても何を入れてもかまいませんが、非常にいい俳句はだいたい大和言葉だけでつくられています。それを学べば古くからの日本語が身につきます。

松尾芭蕉の俳句でもいいものはみな大和言葉です。

古池や　蛙《かわず》飛びこむ　水の音
あかあかと　日はつれなくも　秋の風
枯枝《かれえだ》に　烏のとまりたるや　秋の暮

閑《しず》かさや　岩にしみ入る　蟬の声

どれもそんなにむずかしくありません。

私はむかし、子供を連れてよく近所の善福寺公園を散歩しました。春の時期に歩くと、ちょうど桜が咲いたり青葉が茂ったりしている。そのときたとえば桜の花を見て、紀友則《きのとものり》の歌を口ずさむ。

久方《ひさかた》の　光のどけき　春の日に　しづ心なく　花の散るらむ

そして、「久方」というのはお日さまの前につける言葉だよ、と教える。これは子供でもわかります。

また、素性法師《そせいほうし》の歌。

見渡せば　柳桜《やなぎさくら》を　こきまぜて　みやこぞ春の　錦なりける

子供が知らないのは「錦《にしき》」という言葉でしょう。でも、ぴかぴかする着物のことだよ、といえば全部わかる。

明治以降の近代の和歌になると、漢字を使う、外来語を入れるという習慣が出てきます。もっとも明治天皇の御製《ぎょせい》は外来語を使っていません。戦争のことを詠むときは「満洲」など、漢字で地名が出てきますけれども、ふつうは使いません。

その明治天皇の御製で有名な、

あさみどり　澄みわたりたる　大空の　廣きをおのが　心ともがな

これも大和言葉ばかりです。

ところが、明治以後はいろいろな単語が入ってきます。ある程度文化が複雑になってきたわけですから当然でしょうが、外国語も入ってくる。斎藤茂吉も若いころはギリシャ語やラテン語まで入れて歌をつくっています。

民族の　エミグラチオは　いにしへも　国のさかひを　つひに越えにき（「白桃」）

ところが晩年、心が澄んでくると、

最上川《もがみがわ》　逆白波《さかしらなみ》の　たつまでに　ふぶくゆふべと　なりにけるかも　（「白き山」）

大和言葉だけの歌になります。それとともに歌の柄《がら》も格もグッと上がってくる。こういう優れた歌は、ちょっと教えれば子供でもわかるようになります。私は、子供に刺激を与える意味でも、有名中学校の入試に「百人一首」を入れたらいいのではないかと思っています。

百人一首は『万葉集』から『新古今和歌集』ごろまで、五百年間ぐらいの和歌を集めています。これはざっと見ただけですけれども、あのなかに漢語はふたつぐらいしか見当たりません。「菊」という花の名前と「衛士《えじ》」という言葉、これは門番のことです。

心あてに　折らばや折らむ　初霜の　おきまどはせる　白菊の花　（凡河内躬恒《おおこうちのみつね》）

みかき守《もり》　衛士のたく火の　夜はもえ　昼は消えつつ　物をこそ思へ　（大中臣能宣朝臣《おおなかとみのよしのぶあそん》）

この「衛士」だって、たまたま宮廷の前に門番が立っているから「衛士」と詠んだだけで、別に意味はない。「菊」も、花があるから「白菊」といっただけです。心をあらわすようなふつうの単語にはいっさい漢語を使っていません。

百人一首の歌人のなかには、菅原道真《すがわらのみちざね》のように和歌より漢詩をつくるほうが楽だったという人もいましたが、その道真だって和歌のときはちゃんと大和言葉だけ使っています。

このたびは　ぬさもとりあへず　手向山《たむけやま》　紅葉《もみじ》の錦　神のまにまに

こういうものを子供のときに、「大和言葉だよ」といって教えるといいと思います。漢字で書いてあっても大和言葉です。道真の「紅葉」も「こうよう」と読めば漢語ですけれども、これを「もみじ」といえば大和言葉だよと、そう教えればピンとくるはずです。

訓《くん》は大和言葉、音《おん》は漢語、というのは日本人のものすごい発明です。

子供のときはほんとうに、教えるとすぐ覚えます。覚えるということは、絶えず脳細胞を刺激することです。子供のころにいい和歌を暗記させると、脳細胞のはたらきも活発になります。

ぜひ大和言葉だけの優れた歌を覚えさせるべきだと思います。

少し前に数学者の藤原正彦さんと対談をしましたが、藤原先生もやはり国語教育の重要性を指摘しておられました。――自分がケンブリッジ大学へ行って、大先生たちといっしょになっても劣等感をもたなかったのは、日本の文学を覚えていたからだ。その自信があったからだ、という意味のことをいっておられました。

ここから派生して考えれば、日本の国籍を取ろうとしている人たちには、日本の憲法を尊び、皇室を尊重するという宣誓をさせるとともに、やはり日本語のテストをする必要があると思います。芭蕉の俳句を知っているとか、蕪村がわかるとか、ある程度日本語ができなければ国籍は与えるべきではありません。私はそう思います。

# 第三章

# 日本をだめにした国賊たち

## 戦後日本人が忘れた「軍事意識」

潮匡人《うしおまさと》さんという若い評論家が『常識としての軍事学』（中公新書ラクレ）という本を書きました。軍事学という学問は、日本ではほとんど大学の授業とは無関係で、教えているところはないと思います。例外的には、危機管理で知られる評論家の佐々淳行《さっさあつゆき》さんが慶応大学で「ポリティコ・ミリタリー」といった名前の講座を開いて、とても人気があったと聞いています。しかしこれは例外中の例外で、あとは防衛大学に軍事学の講座がある程度だと思います。

平和大国・日本では「軍事」は敬遠されてきたのです。しかし、評論家の谷沢《たにざわ》永一さんがエッセイ（『本好き　人好き　話好き』五月書房）で書いていたように、「最新兵器の軍事力に通暁していないものが、世界政治の動向を論じるなんて洒落《しゃれ》にもならない」というのはほんとうです。

外国ではまるで事情が違います。

私が戦後アメリカへ客員教授で行ったときのことです。研究室の外は広いグラウンドになっていて、そこに目をやると、毎朝、軍隊が「オイッチニ、オイッチニ」とやっています。それで、あれは何だと訊《き》くと、「ＲＯＴＣ（ロトシー）」だといいます。では、ＲＯＴＣとは何か。

そう尋ねると、“Reserve Officers, Training Corps”の頭文字だという。訳せば「予備将校訓練団」といったような意味になるでしょうか。

私が招かれて行ったその学校はふつうの大学でしたけれども、「ロトシー」に参加すれば、それがちゃんと単位になるそうです。しかもこの単位を取っておくと、将来、将校になる道が開けるという。ふつうの大学でも、そういう軍事教練の時間があって、だれもそれを「異」としない。それがアメリカの常識です。

政治家でも、軍事知識がない人はリーダーになる資格がないというのがふつうの国の常識です。

周知のようにアメリカは、一九四五年つまり昭和二十年の占領を機に、日本から軍備を奪った国ですけれども、アメリカでは軍務に服さない人が大統領になったケースはほとんどありません。あのJ・F・ケネディも太平洋戦線に従軍し、ガダルカナルでは日本軍の駆逐艦・天霧《あまぎり》と衝突し、乗っていたボートが大破して九死に一生を得るという体験をしています。父親のほうのブッシュ元大統領も最も若い海軍パイロットとして太平洋戦線に従軍し、小笠原沖あたりで乗っていた飛行機を撃墜され、潜水艦に救助されています。そしてのちに航空殊勲十字章など、いくつかの勲章を受章しています。

いずれにしても、そうした軍歴があると、アメリカ人はその政治家を信用するのです。軍隊で戦った人は間違いなく国のために戦った人だからです。命懸けで戦った人です。だからこれは信用できる男だということになる。大統領になる資格として軍歴は非常に重視されています。キッシンジャーのように非常に有能ならば、軍務に就いたキャリアはなくても、また移民第一世代であっても、国務長官にはなれます。しかし大統領にはなれない。ほんとうのリーダーというのは間違いなく愛国者でなければならないから、それだけ軍務が重んじられているわけです。

そういう世界の常識からいえば、軍事を語れない人間は一人前ではありません。

## 軍事知識のない政治家が国益を損なう

明治のころのリーダーはみな維新の白刃《はくじん》の下を潜《くぐ》ってきた武士上がりですから、戦場を駆けめぐった経験をもっています。長州（山口県）出身の初代首相・伊藤博文、日本陸軍をつくった山県有朋《やまがたありとも》、薩摩（鹿児島）出身の西郷隆盛、明治国家の設計者ともいうべき大久保利通《おおくぼとしみち》、みな然りです。軍事知識は後《おく》れていたとしても、軍事的センスはありました。その感覚は非常に優れていたと思います。

ところが戦後は、まったく軍事的知識がない人間が政治家になり、「非軍事」が「平和の常識」のようになってしまった。それがいまの日本という国です。

まだ東西冷戦の厳しかったころ日本の首相がドイツの首相と会談をしているとき、当時の米ソの中距離核ミサイルの話になったそうです。ところが日本の首相はミサイルの名前も知らなかった。ただキョトンとするばかりであった、という逸話があります。

そんな笑えないエピソードを聞いたことがありますが、その後の首相にしても大同小異でしょう。

たしかに日本でも軍務に服したあと政治家になった人はいます。しかし外交評論家の岡崎久彦さんにいわせると、こうなります。――敗戦日本を破産した大会社に喩《たと》えるなら、そのとき重役だった人たちは戦後の公職追放でいなくなってしまった。戦後、しかるべき椅子に坐ったのは破産したとき係長にもなっていない程度の人たちだった。それは軍人上がりの政治家も同様で、「おれは軍人だった」といっても、ほとんどが下級将校か下士官クラスだったから、戦争体験はあったとしても「戦争の本質」や「国家の軍事的意味」はわかっていない、と。

岡崎さんは、そんな政治家が「おれは軍人だった」といっているからかえって困る、といっていました。かつて高級外務官僚として日本の情報戦略を担当された人の言葉として耳を傾けるべき意見だと思います。

同じく、岡崎さんはこうもいっておられました。――国家のことが、軍事もふくめてわかる世代は岸信介元首相あたりまではなかったか、と。

吉田茂、岸信介あたりまでは安心して見ていられたといいます。じっさい、彼らは中国にも韓国にもペコペコ頭を下げませんでした。それは彼らに軍事的知識も歴史的知識もあったからです。

ところが、その後の政治家は心もとないかぎりです。軍事知識だけでなく歴史的知識もないから、中国や韓国から「満洲事変」や「南京事件」、あるいは「慰安婦問題」を突きつけられるとただオタオタするばかりで、すぐに謝罪をしてしまう。無知蒙昧《むちもうまい》な政治家のせいで、どれだけ国益を損《そこ》なったことか。私など、はたから見ていて歯がゆいかぎりです。

## 戦後日本の常識は世界の非常識

私の知っているかぎりでも、外国のまともな大学生はだいたい軍事的常識をもっています。ところが日本人は、政治家も官僚も大学生も軍事のことはほとんど知りません。そこで思い出すのが、いまから二十年ぐらい前に評論家の竹村健一さんがいった名言です。すなわち「日本の常識は世界の非常識」。この言葉がピンときます。

私は戦前・戦中を知っている最後の世代ですが、戦前の「日本の常識は世界の常識」でした。

「世界の常識は日本の常識」でもありました。両者の歯車はよく噛み合っていたと思います。ところが戦後はその歯車がズレてしまいます。なぜズレたのか。

軍という発想が国家から消えたからです。

ほかの国では、軍というものが非常に重要だという認識があり、軍事的発想ができなければリーダーなどとても務まりません。ところが日本はまるで違います。二〇〇五年時点では自衛隊を「省」にさえしていません。「防衛庁」だから「庁」のままです。そんな国だから、政治家の発想も世界の常識からズレてしまうのです。

さらに「日本の非常識」の根源を考えると、それはやはり現行憲法の前文にあると思います。そこには周知のとおり、

　日本国民は、（中略）平和を愛する諸国民の公正と信義に信頼して、われらの安全と生存を保持しようと決意した。（傍点渡部）

とあります。要するに、平和を愛する外国を信頼して、それに日本国民の安全（セキュリティ）と生存（イグジステンス）を委《ゆだ》ねるといっている。

ここにはふたつの途轍《とてつ》もない間違いがあります。

まず「平和を愛する諸国民」というかぎり、日本以外の国はみな平和を愛する国だという前提に立っています。そんなばかな話はない。前章で見たように中国は軍拡路線をひた走り、北朝鮮は核開発を公言しています。韓国はその北朝鮮と手を結ばんばかりの鼻息です。これのどこが「平和を愛する諸国民」だというのでしょう。

もうひとつは、自分の国の国民の「安全」ばかりか「存在」まで他の国に預ける、としている点です。これほど阿呆な憲法は世界中どこを探してもありません。そもそも憲法というのは「主権の発動」なのですから、こんな寝言をいっていたのではとうてい憲法という資格がありません。

こんなふうに基本的な間違いを冒《おか》しているのが日本国憲法です。この非常識な憲法が戦後にずっと学校で教えられてきた。そして、そう教えられて育った素直な人たちが東大法学部などを出て官僚になっている。大会社のリーダーも同様です。そうだとすれば、「日本の政策が世界の非常識」になるのも当然でしょう。

## 第九条は「救国のトリック」か

日本から軍事的発想が蒸発してしまったことについては、もちろん憲法第九条の罪も大きいといわなければなりません。この新憲法をつくるとき、軍事をいっさいなくそうとしたのはGHQ（連合国軍総司令部）の総司令官マッカーサー元帥ですが、それを受け入れたのは時の首相・幣原《しではら》喜重郎《きじゅうろう》です。

ところがそれはマッカーサーを欺《あざむ》くトリックだったという説があります。マッカーサーを引っ掛けて、日本がアメリカの尖兵になるのを避けようとしたというのです。その説を唱えているのは「文藝春秋」の元編集長・堤《つつみ》堯《ぎょう》さんが書いた『昭和の三傑』（集英社インターナショナル）という本です。

幣原喜重郎は戦前、国際協調路線をとって「軟弱外交」といわれたオールド・リベラリストですが、終戦の年の十月に首相の座に就いています。堤さんの説によれば――この幣原首相が憲法第九条、いわゆる「戦争放棄」条項をマッカーサーに提案して、それとの交換条件で天皇制を存続させたのだといいます。だから、第九条をふくむ現行憲法は押しつけ憲法ではない。むしろ幣原喜重郎がそのアイデアを出したのだと書いています。そこでこの本のサブタイトルが「憲法九条は『救国のトリック』だった」となっている。「究極のトリック」ではなく「救国のトリック」だというわけです。

堤さんの仮説の当否はともかく、第九条は日本国憲法のなかでもいちばん重要なポイントです。第九条は先ほどの前文と同じく、正当防衛まで否定しているわけですから、ふつうの国では絶対にありえない条文です。憲法の草案が発表されたころは、かの共産党も反対しているほどです。当時の共産党幹部・野坂参三《さんぞう》なども、「武力を完全放棄してどうして国の安全を保てるのだ」と、国会で幣原首相に詰め寄っています。

ところがその後、アメリカとソ連の東西冷戦の対立が険《けわ》しくなり、昭和二十七年（一九五二年）にサンフランシスコ講和条約が結ばれると、日本は明らかに西側諸国につくことになります。

すると、ソ連寄りの共産党や社会党は一転して、この第九条を支持して「九条擁護論」を振り回すようになります。いわゆる護憲勢力として「日本は武装すべきではない」とか、「日本はアメリカといっしょに動くべきではない」と主張するようになるわけです。はっきりいえば共産党や社会党は、ソ連や中国共産党さらには北朝鮮などの共産ブロックの代弁者を務めるようになったわけです。

この連中は、日本を独立させるためのサンフランシスコ講和条約にも反対しました。日本が独立することに反対した。いってみれば当時の社会党と共産党は、自国を守ることにも、自国が独立することにも反対したわけです。共産党ははじめから「反日政党」ですから論外ですが、社会党もそうでした。

かつて外務省関係者から、「彼らにはスターリンの意思が伝えられていた」ということを聞いたことがありますが、それはほんとうだと思います。そうでなければ、日本人たるもの、日本の独立に反対するわけがありません。当時は東西冷戦が非常に厳しかった時代なので、それこそスターリンあたりから、「アメリカ側につくような平和条約など結ぶな」「極力阻止せよ」という指令があったのだと思います。そして彼らは唯唯諾諾《いいだくだく》とそれに従った。世界が共産化されたとき、自分たちだけは助かるように、あるいは権力の座につけるように、という計算があったのかもしれません。

## 「国賊」をのさばらせてはいけない！

独立国の国民ではないことがどれほど不自由なことか、いまからはちょっと想像もつかないと思います。第一、国旗が立てられない、国歌が歌えない、大使館がもてない、あらゆる貿易も占領軍の許可を得なければならない……。そんなことにいつまで耐えなければならないのか。この不自由はいまではちょっと想像もつかないと思います。

しかも昭和二十五年に朝鮮戦争がはじまるまで、私たちが聞かされていたのは、日本は少なくとも二十五年は独立できないだろうという話でした。ひょっとしたら五十年、悪くすれば百年ぐらい占領されるかもしれないともいわれていました。

そこへ、朝鮮戦争をきっかけにして講和条約の話が浮かび上がりました。この条約を結べば日本は独立できる、ということになったのです。

ところが、共産党と社会党はその講和条約に反対でした。ソ連もふくんだ「全面講和」でなければいけないと言い出したのです。ところが、当のソ連はもちろん西側主導の講和条約に反対である。これではいつになったら日本は独立できるのか……。

ただし、イギリスやアメリカなど、日本と戦争をした国々はみな講和に賛成していました。反対はソ連とその衛星国だけです。したがって、サンフランシスコ講和条約は結局アメリカほか五十二か国が参加して条約は成立しました。講和条約に反対してこれに参加しなかった国は、ソ連とチェコスロバキア、それにポーランドの三か国だけです。明らかにこれは「絶対多数講和」でした。

それにもかかわらず、これを「全面講和」対「単独講和」という嘘に仕立て上げたのは戦後の日本のマスコミです。これは重大な犯罪と呼ぶべきでしょう。

そのとき、「全面講和」対「単独講和」というフィクションを担いだのはリベラル派の学者たちです。かれらが率先して日本の独立を邪魔したのです。「平和問題談話会」に結集した安《あ》倍《べ》能成《よししげ》学習院大学院長、大内兵衛《おおうちひょうえ》法政大学総長、恒藤恭《つねとうきょう》大阪商大学長、末川博《すえかわひろし》立命館大学学長（いずれも当時の肩書）たちです。彼らは声明のなかでこう主張しました。

所謂《いわゆる》単独講和はわれわれを相対立する二つの陣営の一方（自由主義陣営）に投じ、それとの結合を強める反面、他方（共産主義陣営）との間に、単に依然たる戦争状態を残すにとどまらず、更にこれとの間に不幸なる敵対関係を生み出し、総じて世界的対立を激化せしめるであろう。これ、われわれの到底忍び得ざるところである。（カッコ内は渡部）

そして、アメリカ滞在中にこれと同じ趣旨の全面講和論を叫んだのが東京大学総長・南原繁《なんばらしげる》でした。

こうしたマスコミ・文化人たちのソ連寄りの主張にたまりかね、時の首相・吉田茂は象徴的に東大の南原総長を槍玉に挙げ、「曲学阿世《きょくがくあせい》の徒」と呼びました。世に阿《おもね》るインチキ学者、といったほどの意味です。

当時、私は学生でしたが、こうした空騒ぎを見ていて、偉いなと思ったのは慶応大学塾長・小泉信三先生でした。雑誌「文藝春秋」に論文をお書きになって――いま講和条約を結ばないというのは日本をずっと占領状態に置くことである、それでいいのかと、曲学阿世の徒たちに鋭く迫りました。

私は平和の名と平和の実といふことを度《た》び度びいつた。如何《いか》にしたら、平和の名でなく、その実を護《まも》ることが出来るか。何《ど》うしたらその見込みが大きいか。といふのが課題である。

というのが小泉先生の立場でした。

ところが、いわゆる進歩的文化人たちは「平和の実」ではなく「平和の名」のほうを取る、すなわちあくまでもソ連と立場を同じくするといったのです。なんと愚かな人たちでしょうか。まったくお話になりません。アメリカに代わってソ連が日本を占領してくれる日まで待つ、というのだからひどい話です。

だから私は、当時の社会党に与《くみ》するいまの社民党のリーダーや共産党のリーダー、あるいは講和反対を叫んだ大マスコミの人たちがデカい顔をして歩いているのを見ると、腹立たしくなります。こんなばかな話は信じられません。ふつうの国であれば、一国の独立に反対した連中は独立が達成された暁には処刑されるか、よくて国外追放です。

日本が独立することに反対した連中は「国賊」であることをはっきり認識しておく必要があります。この点は忘れてはいけません。何度でも指摘しておく必要があります。

とにかく、日本の独立に反対した連中がのうのうと生きているのは怪《け》しからん話です。だから左派が何か生意気なことをいったら、「なんだ、日本の独立に反対したくせに何をいうか」

と、われわれはそういう匕首《あいくち》をつねに懐《ふところ》に忍ばせておかなければなりません。

## 「日本を守った護憲」というウソ

明らかにソ連寄りの「全面講和」論者たちはまた「護憲」論者でした。「憲法第九条の非戦条項を守れ」という主張は、人聞きがいいこともたしかです。

大正時代の護憲運動は、相変わらず薩長土肥の藩閥や軍閥が政治の実権を握っていることに対して、尾崎行雄や犬養毅《いぬかいつよし》らが立ち上がり、「明治憲法の精神に戻れ」といって議会政治を守ろうとした非常に立派な運動でした。その「護憲」と言葉が重なっているから、戦後の「護憲」もなにか非常に立派なことのように受け取られたものです。善男善女はみな護憲でなければならない、といったような印象さえ植えつけられました。しかしそのために、護憲勢力のリーダーたちがじつはソ連・中共・北朝鮮びいきであるということも忘れられてしまったのです。

もちろん、昨今「朝日新聞《ちょうにちしんぶん》」と嘲笑されている朝日新聞やNHK、岩波書店をはじめとする有力なマスコミも護憲勢力に加担しました。そして、日本が戦後ずっと平和であったのはこの護憲勢力のおかげであるという幻想を振りまいてきました。

あれは大平（正芳）内閣のときですから、一九七〇年代の後半のことです。私はたまたま内閣関係の委員会のメンバーに名を連ねていたことがあります。そのとき、防衛庁の人の説明を聞く機会がありましたが、それによると——当時のソ連はものすごく極東軍を増加させ、海軍も充実していたそうです。わざわざ上陸作戦を敢行しなくても日本に上陸できる状態だったといいます。「ポート・ツー・ポート」、すなわちソ連側の港から日本の港へ楽々と、船で将兵や武器を運べるぐらいの準備ができているといっていました。それを聞いて私もちょっとびっくりしたことを思い出します。ソ連はそれほど態勢を整えていたのです。

ところがその当時、進歩的文化人である専修大学教授・小林直樹はこんなことをいっていました。

かりに二、三十万人のソ連軍隊が——そういうことは実際には生じないと思うけれども——日本を占領するとする。しかし、日本の社会に文化が華開いており、自由が満ちあふれ、そして日本人が毅然とした自主的な姿勢を持って、不正な支配に屈従しない国民として生きていたならば、彼らは占領者として自ら恥じ、ひいては日本から学ぶようになるだろう。（「月刊社会党」一九八四年一月号）

シベリア抑留で見せたソ連兵の羆《ひぐま》のような獰猛《どうもう》さをまったく弁《わきま》えない空理空論です。日本人はなんとお人好しなのだろうと呆れてしまいます。あるいは彼らは、こんなことをいいながらじつはソ連による占領を望んでいたのでしょうか。

それはさておき、そのソ連が日本へ侵攻してこなかったのはアメリカ軍が駐留していたためです。なにも護憲勢力のおかげではありません。彼らが護憲を叫んだからソ連が攻めてこなかったのではなく、日米安保条約があり日本が米軍の傘の下にあったから、さすがのソ連も攻めてこられなかったのです。

ところが、進歩派勢力は憲法第九条のおかげで日本の平和は守られてきたのだと喧伝しました。そんなものはまったくの偽りです。真っ赤な嘘、です。

このように戦後の日本はウソのうえに乗っていました。しかしそんな虚偽宣伝もこのところ徐々に化《ば》けの皮が剝がれてきたのは、まことに慶賀すべきことであります。

## 保守派大御所たちの功罪

戦後の思潮をめぐっては、もうひとつ重要な問題があります。

大正時代から昭和初期にかけて、共産主義が流行しました。れっきとした共産党員は、いちばん多いときでも六百人は超えなかったといわれていますけれども、しかしインテリを中心として、かなり多数の共産党シンパがいたことは事実です（日本共産党については第五章を参照）。共産党員ではなかったけれども、左翼思想にかぶれたインテリは大勢いました。そのなかには、のちに戦後の日本において「反共」「反ソ」に転じた人たちもいます。

たとえば林健太郎先生です。林先生はご存じのように、東大総長のとき全共闘運動に巻き込まれ、ゲバ学生に吊るし上げられながらも最後まで頑張った人で、われわれも仰ぎ見るような大きな存在でした。

また猪木正道《いのきまさみち》先生もそうです。猪木先生も防衛大学校の校長を務め、『国を守る』（実業之日本社）といった立派な本をお書きになった人です。

この人たちは、戦後は共産党の批判者でありソ連の批判者でした。ですから、この人たちの説は保守派の人たちの耳にもよく入りました。

ところがいま触れたように、林先生も猪木先生も若いころは共産党のシンパでした。そして私からいわせれば、かつて共産党シンパであったため、ひとつの弱点を抱えていました。それは、戦前の日本の大陸政策が彼らの傷跡になっていたことです。林先生も猪木先生も、戦後はソ連を批判し共産主義を排しましたが、戦前の日本については満洲国独立もふくめて、当時の大陸政策は「日本の侵略である」というコミンテルン（ソ連が主導した国際共産主義組織）の分析をそのまま鵜呑みにしていました。

満洲国が独立した当時（昭和七年＝一九三二年）、日本の国民の九九パーセントはその独立を大いに喜びました。というのも、満洲国皇帝（独立当時は執政）愛新覚羅溥儀《あいしんかくらふぎ》は満洲人の王統を継いでいる人だからです。

元来、満洲族が満洲に清国をつくり、この清国が後にシナ全土を征服したのです。ところが、一九一一年（明治四十四年）に辛亥《しんがい》革命が起こり、溥儀は皇位を奪われます。それだけでなく、のちにクーデターが起こると革命軍によって殺されそうになります。そのとき彼が、命からがら逃げ込んだのが日本の公使館でした。そして溥儀は、自分はぜひ父祖の地である満洲に戻って、そこの君主になりたいと熱望するようになります。それを手助けしたのが日本です。

当時の満洲は「ノーマンズランド」で無主の地であると、欧米ではいわれていました。すなわち、だれの主権も及んでいない土地だった。その満洲へ満洲族の皇帝である溥儀が戻って自分の国をつくりたいというのですから、これは筋の通った話で、どこからも文句の出るような問題ではありません。

ところが当時のソ連にしてみれば、これほど不愉快なことはありません。ロマノフ王朝のロシア時代には、清朝からほぼ満洲の全域を奪い、日露戦争の敗戦で満洲の権益を手放したあとも虎視眈々《こしたんたん》とその土地を狙っていたからです。だから、日本の援助で満洲国ができると、「日本の傀儡《かいらい》政権だ」と、悪宣伝をはじめました。

しかし溥儀は満洲人です。また満洲国の大臣たちもひとり残らず満洲人か清朝の遺臣《いしん》たちでした。「傀儡政権」といっても、日本人は大臣職にあったわけではなく、いわば行政の指導をしていたわけです。とはいえ、その実権は日本にあるようなものでしたから、ソ連にすれば不愉快きわまりない。そこで「侵略、侵略」と言い出したわけです。

シナ人にとっても、満洲は万里の長城の向こう側（関外）の土地です。清国を建てた満洲族のもともとの出身地ですから、シナ人の土地であるわけがない。しかも清国というのは、夷族（外国人）の皇帝の国だからといって、自分たちが革命によって倒した国です。それにもかかわらず彼らは、清国が支配していた国だから、そこまで自分たちの土地だと思いたかったのです。だから彼らは「日本が満洲建国に動くのは明らかに侵略だ」と叫んだわけです。

そうした流れに乗って、リットン報告書（昭和七年）も、日本の行為を簡単に「侵略」と言えるものではないとしながらも、満洲は自治権をもつシナの一地方であるという誤った判断を下しました。

周知のようにリットン報告書というのは、満洲事変をめぐって国際連盟が派遣したリットン調査団のまとめたレポートです。イギリスのリットン卿を長とし、フランス、ドイツ、イタリア、アメリカの代表からなる調査団は、昭和七年の三月から六月まで満洲、シナ各地で調査にあたり、上のような判断を下したわけですが、しかし一方的にシナ側の言い分を取り上げたわけではありません。満洲という地の複雑さを、彼らも十分に認識していたことは次のような一文からもわかるはずです。

問題はむしろ極度に複雑なるを以て一切《いっさい》の事実及びその歴史的背景に関し十分なる知識あるもののみ、これに関する決定的意見を表明する資格ありといふべし。本紛争は一国が国際連盟規約の提供する調停の機会を予《あらかじ》め十分に利用し尽すことなくして他の一国に宣戦を布告せるが如き事件にあらず。また一国の国境が隣接国の武装軍隊により侵略せられたるが如き簡単なる事件にもあらず。何とすれば満洲に於ては世界の他の部分に於て正確なる類例の存せざる幾多の特殊事情あるを以てなり。（リットン報告書）

そこで、満洲事変前の状態に戻ることは現実的でないという日本側の主張も取り入れ、満洲における日本の特殊権益を認めました。ただし結論は――、

一切の戦争及「独立」の期間を通じ満洲は終始支那の完全なる一部たりしなり。（同上）

というものでした。

しかし日本人からいわせれば、日本の公使館に満洲人の皇帝が逃げてきたのだから、当人の希望に沿って満洲の土地に王朝を立ててあげてもいいじゃないかということで、九九パーセントの人が満洲建国（昭和七年三月）を喜びました。

ところが、一部の左翼の人たちはみなインテリですからコミンテルンから出された分析を読んで、ふつうの日本人とは違う「見識」をもったのです。また、それを誇りにも思っていたのでしょう。その誇りを忘れられなかった彼らは、戦後になって反ソ・反共に転じてからも、日本の大陸政策は全部侵略だったと言い続けたわけです。反ソ・反共に変わった彼らも、中国に対してだけはペコペコしていました。青年時代に呑み込んだ、コミンテルンのでっち上げた歴史観（あるいはプロパガンダ）から完全に脱しきれていなかったのです。

この点は、林先生も猪木先生も同じです。

二、三年前のことでしょうか、猪木先生が「日本は中国にはたくさん悪いことをしたのだから、何でもいうことを聞いてやらないといけない」という主旨のことを新聞にお書きになったので、私は反論を書いたことがあります。そうしたら東大名誉教授の小堀桂一郎さんも——何かの機会に猪木先生と話をしていたら、「日本は中国に対して〝原罪〟がある」といわれたので驚いた、といっていました。

この点については、筑波大学教授の中川八洋《やつひろ》さんも「猪木先生の発言は共産党員のようなものである」と批判しました。そうしたら、中川さんは猪木さんから訴えられたのです。いちばん痛いところを突かれたからだろうと思いますが、しかし言論界の大御所が若い学者の発言を訴えるのはおかしいと思いました。法廷へもちだすような話ではない。それくらいだったら反論すればいいわけですが、反論できないから訴えたのではないでしょうか。

林健太郎先生も、戦前の日本はシナ大陸を侵略したという立場を崩しませんでした。げんに、自伝的な同時代史『昭和史と私』（文春文庫）のなかでも、

衛星国家満州国の建国が（中略）中国に対する「侵略」であることにまちがいはなかった。

と、お書きになっています。

満洲国問題では、林先生は小堀桂一郎さんと雑誌「正論」で論争もしています。「満洲事変以降の軍事行動を日本の自衛戦争であり、大東亜戦争はアジア解放の戦いであったとする主張は歴史の事実に反する」という林先生に対し、小堀さんは「歴史はつねに解釈であって、固定された事実の羅列ではない。その時代の人間が熱く関わることによって意味をもつのだ」という意味のことをいって、戦前の日本の立場を擁護しています。

とはいえ、林先生と猪木先生が、戦後の日本の保守陣営では最も尊敬された大物であったこ

とはたしかです。しかも反共・反ソでしたから非常に重きをなしました。

しかし、親中国だったことは見逃すわけにはいきません。おふたりが満洲も中国の領土であると思っていたことは、戦後の政界にあって保守派の人々に甚大な悪影響を及ぼしたからです。もちろん、吉田茂や岸信介といった世代の政治家は、「なんだ、むかしの左翼青年が……」といって、おふたりの思い込みをせせら笑っていたことだろうと思いますが、しかし、そのあとの世代の政治家たちはそうはいきません。みな、林、猪木両先生を偉いと思っていたから、「日本は中国を侵略した」と思い込んでしまったはずです。そのために「親中国の思想」あるいは「中国への罪悪感」が自民党の奥のほうまでずっと深く入り込んでしまったように思います。中国政府から「満洲」という言葉は使うなといわれて、「中国東北部」などといわされているのはその一例です。

もちろん、林、猪木両先生は「国賊」などではありませんが、しかしむかしの共産青年が流した害毒は無視することができませんので、あえて付言しておきました。

第四章

# 紫禁城の黄昏

## 第一級の史料『紫禁城の黄昏』

戦前の日本の大陸政策は全部侵略だったという大嘘――それを足もとから爆破しなければ、戦後日本の中国に対する外交姿勢は決まりません。では、どうすればその大嘘を破砕することができるのか。

じつは、それを一気に吹き飛ばす爆発力を秘めた本があります。レジナルド・ジョンストンの『紫禁城《しきんじょう》の黄昏《たそがれ》』という本です。

ジョンストンという人は当時、世界における第一級のシナ学者でした。そして、最後の清国皇帝・溥儀の個人教師、当時の言葉でいえば「帝師《ていし》」でした。大当たりした映画『ラストエンペラー』には、いつも黒い服を着て溥儀のそばに付き添っているイギリス人が登場しますが、あれがジョンストンです。この人は溥儀から非常な信頼を得ていました。

ところが前述したように、一九一一年、日本でいえば明治四十四年に辛亥革命が起こって清朝はなくなります。その後、溥儀は「前帝」あるいは「少年皇帝《ザ・ボーイ・エンペラー》」と呼ばれて北京の一部に住んでいましたが、一九二四年、シナ大陸に割拠していた軍閥のあいだで内乱が勃発し、クーデターを起こした左翼の馮玉祥《ひょうぎょくしょう》の軍隊が北京に入ると、溥儀の命が危なくなります。

蔣介石の軍隊からはその後、先祖の墓を爆破され、先祖の骨も粉々にされてしまいます。いっしょに埋めておいた宝石も奪われました。溥儀自身も馮玉祥の軍隊に殺される危険が生じます。そこで、砂塵濛々《さじんもうもう》たるある日、護衛隊の目を盗んでジョンストンとふたりで逃げ出しました。そして、命からがら日本の公使館に転がり込んだのです。当時は、公使館に逃げ込めば命は安全でした。そのときの状況もジョンストンはよく覚えていて、本のなかに書いています。

日本公使館の芳沢謙吉《よしざわけんきち》公使は非常に困惑したようだったといいます。かつての清国皇帝・溥儀が逃げ込んでくるという突発事に公使が当惑しているわけですから、溥儀の逃走も日本が仕組んだわけではなかったことがわかります。芳沢公使はしばらく考えた末、準備があるからといってしばらく姿を消します。そして戻ってきたら、公使ご夫妻のいちばんいい寝室を提供してくれたと、そんなことも書かれています。

そういう細部を逐一《ちくいち》知っている唯一の人がジョンストンでした。そのジョンストンが書いた本が『紫禁城の黄昏』です。まさに第一級の歴史史料というべき書物です。

## 岩波書店の「犯罪」

この『紫禁城の黄昏』は、映画『ラストエンペラー』が封切り（一九八八年）されるのと歩調を合わせて、岩波文庫から訳出されました（一九八九年）。

当時、岩波文庫から翻訳が出ると聞いたとき、私は非常に喜びました。というのも、この本は戦前に翻訳が出ているのですが、名の通ったふつうの出版社からではなかったからです。大樹社書房という名前も聞いたことのないような出版社から一冊（荒木武行訳『禁苑《きんえん》の黎明《れいめい》』）と、国家主義団体の玄洋社から一冊（関東玄洋社出版部訳『禁城《きんじょう》の熹光《きこう》』）出ています。したがって、どう考えてもキワモノめいて受け取られたに相違ありません。

ところがジョンストンの本自体は堂々たる立派な本です。一九三四年に原著を出版したのはイギリスのヴィクター・ゴランツ社といって、この出版社の社長は筋金入りの社会主義者で、左翼的な読書クラブ「レフト・ブック・クラブ」もつくった人です。左派の塾ともいうべき「ロンドン・スクール・オブ・エコノミックス」の政治学教授であったハロルド・ラスキや、労働党の党首になるクレメント・R・アトリー、社会主義作家で政治家のジョン・ストレイチーなどといっしょに活動していま す。このゴランツ社は、当時姿を現わしたナチズムやファシズムに反対する良書を出すことでも有名な出版社でした。そんな出版社から出た本ですから、この『紫禁城の黄昏』がいいかげんな本であるわけがありません。いわゆる右翼の本であるわけがない。日本の帝国主義に同調するような本であるわけもない。著者も、書いてある内容も、しっかりしているからゴランツ社が出したのです。

その本が岩波文庫で出るというから私は喜んだわけです。まさに、古典的名著を揃えるという岩波文庫に入るにふさわしい本です。ところが、訳出された『紫禁城の黄昏』を見て私は驚きました。いや、怒りを覚えました。

なんと、原著の第一章から十章までと、第十六章を全部カットしてあるのです。そして訳者たち（入江曜子＋春名徹）の言種《いいぐさ》が許せませんでした。「主観的色彩の強い前史的部分」だから省略した、というのです。

これについては後述しますけれども、カットされた第一章から十章までの部分や、第十六章には、日本と満洲の関係について日本に有利な記述がたくさん出てきます。だから岩波書店と訳者たちはその部分をカットしたのです。いまの中国政府に遠慮して、日本に都合のいい事実が書いてある部分を削ってしまったわけです。

序文からも、原著でカウントすると三十八行分省いています。康有為《こうゆうい》についての記述を省いているのですが、それはなぜかといえば、これは東京裁判でも明らかになったことですが、康有為という人は辛亥革命後、宣統帝・溥儀がふたたび皇位に就くこと（復辟《ふくへき》）を支持した人です。いわば反革命の士でした。だから、それも省いてしまったようです。

こう見てくると、岩波書店と訳者たちのやったことは明らかに文化に対する犯罪です。彼らが左翼で、親中国の考え方をもっているとしても、それは個人の勝手だから別にかまいません。

しかし、だからといって中国政府の気に入らないであろう部分を勝手に割愛《かつあい》することは許されません。また自分たちの思想に反して、著者が日本国に関して有利な事実を書いているからといって、それをカットすることも許されることではありません。

訳者たちの学問的良心はどこへいってしまったのでしょう。出版社の自負はどこへ消えてしまったのでしょう。犯罪的な改竄《かいざん》をするぐらいなら、最初から『紫禁城の黄昏』を訳さなければいいのです。

## 日本の主張を裏づけるジョンストンの記述

その『紫禁城の黄昏』の完訳版がこのほど祥伝社から刊行されました。私の監修で、麗澤《れいたく》大学の中山理《おさむ》教授が訳出したものです。自分が関係した本を褒めると文字どおり自画自讃になってしまいますが、中山教授の訳は非常によくできているので引っかからずによく頭に入ります。

ここで、この完訳が出るまでのいきさつについて少し触れておきます。

私はこの本の原著（*Twilight in the Forbidden City*）がほしくて二十年ぐらい探していました。ところがどこをどう探しても見つからない。それでも神田の本屋さんに頼んで一冊見つけました。もう一冊は、アメリカの古書業界の会長をしていたルーロン＝ミラーさんという友人に頼んで、インターネットや何かでいろいろ探してもらったところオーストラリアでもう一冊見つかりました。

このほかは一冊も出てきません。私は、イギリスの古本屋はたくさん知っていますから、この二十年間ほどずっと注文を出しっぱなしにしていますけれども、「出た」という連絡はどこからもありません。ジョンストンのほかの本はときどき連絡が入りますが、この本の連絡は入ってきません。

どうしてそんなことが起こるのか。

それは、この本を読むと、アメリカやイギリスが戦争中にいっていた意見が全部崩れるからだと思います。「日本はシナ大陸を侵略した」という主張が崩れてしまうのです。あのリットン報告書も無知に基づく報告だったということになってしまいます。

じっさいジョンストンは、本のなかでリットン報告書を批判しています。たとえば、

私には、次のリットン報告書の一節は説明しがたく思われた。すなわちそれは、満洲の独立運動について「一九三一年九月以前、満洲内地ではまったく耳にもしなかった」と説明されていることである。（第十六章。中山理訳、以下同）

少々補足説明をしておけば、「一九三一年九月」というのは、満洲警備の任にあった日本陸軍の関東軍《かんとうぐん》参謀・石原莞爾《かんじ》中佐や板垣征四郎大佐が奉天《ほうてん》（現・瀋陽《しんよう》）近郊の柳条溝《りゅうじょうこう》付近で満鉄線の線路を爆破して満洲事変を起こしたことをさしていますけれども、リットン報告書は――その事変が起こるまで満洲国独立の動きはなかった、としています。つまり、満洲国独立は日本の関東軍の謀略に端を発しているという意味になります。

それに対して当時現地にいたジョンストンは、それは納得しがたいといっているわけです。そして当時の新聞記事を掲げながら、満洲国独立の動きは事変以前からあったことを証明しています。

この部分は原著の第十六章にありますが、前述したように岩波文庫はここをカットしています。日本に都合がよく中国が不愉快に思うであろうような箇所は隠す、というのが岩波書店の方針であるらしい。これで日本の出版社といえるでしょうか。

こんなふうに『紫禁城の黄昏』は日本の主張を支えるような本ですから、第二次大戦中の英米人にすれば所蔵していて不愉快だったのでしょう。それで読んだあと処分してしまった。だからいくら探してもめったに出てこないのかもしれません。

むかしはだれでも読んだような本でも、いまになって探そうと思うと見つからない本があります。小堀桂一郎さんもいっていましたが、戦争中に文部省思想局が編集した『国体の本義』

という本がありました。どこの家にもころがっていたような本です。それがいま買おうと思うと、なかなか見つからない。小堀さんはたまたまそれを百円ぐらいで古本屋の店先で見つけたといっていました。

『紫禁城の黄昏』は、『国体の本義』とは段違いの学術書ですが、それでも戦争中の日本の主張を裏づけるようなところがあるので、同じような運命を辿ったのではないでしょうか。

岩波文庫の犯罪的な改竄《かいざん》と合わせて、そんなことを上智大学の講師控室で話していたら、同席していた中山教授が『紫禁城の黄昏』に興味を示して……というのが、完訳が生まれるまでの経緯です。

## 満洲は中国領土ではない

ともかく、この本は日本にとって非常に重要な本です。

しかも、当時のことをいちばんよく知っているジョンストンが書いたのだという「序文」を満洲国皇帝・溥儀が寄せています。

この危機的な時期の惨事と困窮を、彼ほど詳しく知る者は誰もいない。したがって筆を執って自らも役割を演じた出来事を記録するのに、彼ほど適任の者はいない。この真実の記録は、身をもっての体験と観察にもとづいているだけに、あの時代の悲哀や秩序攪乱を回想する者にとって、すこぶる価値あるものとなろう。

溥儀が書いた文面の写真までついています。溥儀の印、すなわち玉璽《ぎょくじ》も押されています。まさに満洲国皇帝が内容保証をしている折紙《おりがみ》つきの本です。

これを書いたジョンストンがいちばん主張してやまないことは、西洋人がいかにシナという国に対して無知であるか、ということでした。

ふつう西洋の人は"Emperor of China"、すなわち「シナの皇帝」がいると思っているけれども、しかしそんなものはいないのだといいます。

西洋では、自分の領土の王という言い方があります。イギリスの王なら"King of England"、フランスの王なら"King of France"です。ところが、"King of China""Emperor of China"はいない。シナは絶えず王朝名でいうのだと、ジョンストンは書いています。

たとえば——といってジョンストンが挙げるのは、明治四年に日本と清国が国交条約を結んだときの文書です。日本は「大日本帝国」であり、一方は「大清国」でした。「清《しん》」という国です。これは前述したように、漢民族ではなく満洲族の国です。「元《げん》」といったら蒙古族です。

歴代、支配民族が替わってきたシナには、「領土の王」という言い方がないわけです。

したがって辛亥革命のとき、中国人は「滅満興漢《めつまんこうかん》」と叫びました。満洲族の清国を倒して漢人の国を興《おこ》せ、という意味です。これは太平天国の乱（一八五一年）のときに掲げられたスローガンですが、辛亥革命でも合言葉となった。いずれにしても満洲族の皇帝に対するレボリューション（革命）です。

だからジョンストンは、革命が起こったとき溥儀が「わかりました」といって満洲に戻っていれば、満洲国を建国したとしても、どこからも文句は出なかっただろうと書いています。


もし満洲人が満洲に退き、しかもシナでの満洲人の権力が最終的に完全に崩壊したと判明すれば、十七世紀前半に君臨した王朝と同じように、シナから完全に独立した満洲君主制の再興を目にすることも決してありえなかったわけではない。（第七章）

したがってこの本を読んでいると、満洲国の成立はきわめて自然だということがわかります。むしろ、そうでなければならないといった話なのです。

ところがのちに、また現在も、満洲は中国の領土であるという意見が出てきます。これはきわめてナンセンスな論といわざるをえません。

なぜならば――満洲族の王朝である清朝は、満洲から万里の長城を越えて北京のほうへ入り、やがてシナ大陸を支配したのです。ところが、革命が起こって皇帝・溥儀は故国・満洲へ帰らざるをえなくなります。するとその後の中国は、満洲も中国の領土だと言い出したわけですが、いったいそんな論法が成り立つものかどうか、子供が考えてもわかるはずです。

これはほかのケースで考えてみれば、すぐわかります。

たとえばインドネシアはオランダの植民地でした。オランダ領です。ところが第二次大戦後、独立運動が起こってインドネシアは独立。オランダはインドネシアから撤退します。だからといって、オランダがインドネシアの領土になるでしょうか。そんなばかな話はありません。

ところが上の満洲のケースを当てはめると、インドネシアから撤退した以上、オランダはインドネシア領であるということになってしまいます。じつに滑稽です。

満洲が中国の領土だというのは、オランダはインドネシアの領土だというようなものです。満洲が中国領土だというのは、その程度の話なのです。

## 満洲における日本の権益を侵したのはシナである――という指摘

リットン報告書は、満洲は中国の一地方と考えるべきではないかといっていますけれども、ジョンストンは、いや、そんなことはないと書いています。

清朝は漢人が満洲に入ることを禁じていました。そこで満洲は「封禁《ふうきん》の地」と呼ばれていましたが、一九〇七年、清朝は漢人の満洲立ち入りの禁を解いています。それに関してジョンストンはこう書いています。


満洲朝廷が自ら率先してこのような行政的変革を実施したのは、「東三省」を贈り物としてシナに差し出そうという意図があったからではなく、国家としての現実的な理由と、君臨する皇室が満洲人と漢人をともにひとつの大家族として見なしていることを、漢人に示したいと望んでいたからである。（第四章）

ここに出てくる「東三省」が満洲のことです。すなわち清朝には、満洲を「贈り物としてシナに差し出そうという意図」などなかった、というわけです。この一文からも満洲が中国の領土ではないことはわかると思います。

このようにジョンストンのこの本にはいろいろ重要な指摘があります。ひとつふたつ引いておきましょう。

シナの人々は、満洲の領土からロシア勢力を駆逐するために、いかなる種類の行動をも、まったく取ろうとはしなかった。／もし日本が、一九〇四年から一九〇五年にかけての日露戦争で、ロシア軍と戦い、これを打ち破らなかったならば、遼東半島のみならず、満洲全土も、そしてその名前までも、今日のロシアの一部となっていたことは、まったく疑う余地のない事実である。（第一章）

そして満洲が中国ではないことについては、次のように記しています。

日本は、一九〇四年から一九〇五年、満洲本土を戦場とした日露戦争で勝利した後、その戦争でロシアから勝ち取った権益や特権は保持したものの、（それらの権益や特権に従属する）満洲の東三省は、その領土をロシアにもぎ取られた政府の手に返してやったのである。その政府とは、いうまでもなく満洲王朝の政府である。満洲王朝の政府を「シナ政府」と表現するのは、専門的に言えば正しくないだろう。（第四章）

ところが満洲はいつの間にか中国の領土に組み込まれてしまいます。したがって――、遅かれ早かれ、日本が満洲の地で二度も戦争をして獲得した莫大な権益を、シナの侵略から守るために、積極的な行動に出ざるを得なくなる日が必ず訪れると確信する者は大勢いた。（第十六章）

ここでいう「二度の戦争」とは、いうまでもなく日清・日露の戦争をさしています。その戦争で日本が満洲に獲得した「莫大な権益」を侵したのはじつはシナのほうである、とジョンストンは指摘しているのです。

こうして挙げていったらキリがないので、詳しくは完訳本を参照していただきたいと思いますが、とにかくこのように『紫禁城の黄昏』には、戦後の東京裁判で日本側が主張したかったことが淡々と、また客観的に記されています。日本人にとっては、このうえもなく重要な本であることがおわかりいただけると思います。

## 東京裁判で却下された「日本人の必読文献」

こうした重要な記述をふくむ本なので、東京裁判に際して米人弁護人のベンブルース・ブレークニー少佐はこの『紫禁城の黄昏』を弁護資料として提出しています。ブレークニーは、大東亜戦争中に関東軍司令官や陸軍参謀総長を歴任した梅津美治郎《うめづよしじろう》大将の弁護人でした。

前述のとおり、この本には溥儀が序文を書いています。

ところが、「書かれていることはほんとうですね」と、ブレークニー弁護人が質問すると、溥儀は「覚えがない」と答えます。そして溥儀は「おそらく鄭孝胥《ていこうしょ》が書いたのではないか」と続けます。

鄭孝胥というのは満洲国国務総理（いわば総理大臣）だった人物ですが、溥儀がそんなことをいったものだから、そんな本を証拠として使われては困ると思ったのでしょう、ウェッブ裁判長（オーストラリア代表）は、

①著者が死んでいるから確かめようがない。

②溥儀は序文を書いた覚えがないといっている。

したがって証拠としては却下する、としてしまいました。これだけ重要な本が却下されてしまったわけです。

ところが、いまから考えれば却下されなくても済んだはずです。というのも、溥儀が書いた序文には印《いん》が押してあるからです。玉璽《ぎょくじ》です。それもふたつ押してある。「宣統御筆《せんとうぎょひつ》」とあります。溥儀は「宣統帝」です。その玉璽が押してある。われわれ庶民でいえば実印つき、ということです。ということは溥儀自身が本の内容をすべて保証していることになります。しかも

先に引用したように溥儀自身、「ジョンストンほど、この時期のことを詳しく知る者はいない」と書いているのです。

ところがブレークニー弁護人は実印のない国からきていますから、そこに気がつかなかった。それで却下されたままになってしまったのです。

しかし裁判を進めているうちに、ジョンストンの本は重要だという局面が何回も出てきます。そのたびに弁護側は『紫禁城の黄昏』を証拠資料として再提出しています。でも、一回却下された本ですからけっして取り上げられることはありませんでした。証拠資料としての採否を争うなら、最初のときに玉璽に言及して争わなければならなかったわけですが、それをしなかった。そのため結局、証拠資料に採用されることはついにありませんでした。それに併行して、弁護側の言い分もほとんど通りませんでした。

東京裁判の法廷に証人として姿を現わした溥儀は大要こんな証言をしています。――自分の満洲国皇帝への就任は関東軍の圧迫によったものであり、皇帝就任後の在位期間中も、つねに関東軍の監視下にあり、自由意思はまったくなかった、と。

終戦直後の八月十九日、奉天飛行場でソ連軍に逮捕された溥儀は、当時ハバロフスク収容所に抑留されていたため、右の証言もソ連から強制されたもののようでした。真実をいおうにも、彼にはそれが許されてはいなかったのです。もしソ連（ひいては連合国）の意向に背《そむ》くような証言をすれば、ソ連に戻ってから処刑される可能性もありましたから、溥儀は偽証したのです。じっさい、来日し、東京裁判法廷に出廷するとき、溥儀はソ連人の監視つきでした。「つねに関東軍の監視下にあった」というより、「つねにソ連政府の監視下にあった」というほうが正確だというべきでしょう。

それはともかく、法廷で溥儀は、「満洲国皇帝への就任は関東軍の圧迫によったものである」と証言したわけですが、それがまったくの偽証であることはジョンストンの記述を見れば明らかです。『紫禁城の黄昏』には、満洲国建国前の昭和六年（一九三一年）のこととして、こうあります。

十一月十三日、上海に戻ってみると、私的な電報で皇帝が天津を去り、満洲に向かったことを知った。／シナ人は、日本人が皇帝を誘拐し、その意思に反して連れ去ったように見せかけようと躍起になっていた。その誘拐説はヨーロッパ人の間でも広く流布していて、それを信じる者も大勢いた。だが、それは真っ赤な嘘である。（終章）

皇帝が誘惑されて満洲に連れ去られる危険から逃れたいと思えば、とことこと自分の足で歩いて英国汽船に乗り込めばよいだけの話である。皇帝に忠実で献身的な臣下の鄭孝胥は、皇帝の自由を束縛する牢番ではないことを強調しておきたい。皇帝は本人の自由意思で天津を去り満洲へ向かったのであり、その旅の忠実な道づれは鄭孝胥と息子の鄭垂だけであった。（終章）

満洲国が関東軍のでっち上げた「偽《にせ》満洲国」でないことはこの一節からも明らかになるはずです。

その意味でも、あのときブレークニー弁護人が玉璽の意味を理解し、溥儀に『紫禁城の黄昏』の真実性を認めさせ、どうしてもこの本を証拠資料として採用せざるをえないところまで追い込んでいたら、東京裁判は成り立たなかったはずです。満洲事変から十五年間、日本側に侵略の「共同謀議」があったなどという話は、この一撃で吹っ飛んでしまうからです。

この本はそれほど重要な本なのです。

それにつけても私が非常に残念に思うのは、林健太郎先生にしても猪木正道先生にしても、たしかに立派な学者でいらっしゃったけれども、この本を読んでいないことです。私は歴史の素人ですが、『紫禁城の黄昏』は精読しましたので、この本に基づけば東京裁判は成り立たないし、戦後の自民党政権も中国に対してペコペコする必要はなかったのです。「日本が大陸に対して無法な侵略を行った」事実などないことはまったく明らかなことなのです。

満洲事変に関して日本人が痛みを感じるのは、謀略によって柳条溝で満鉄線を爆破したといった類《たぐい》のことです。しかしいま見てきたような大枠から考えれば、日本は、溥儀が父祖の地・満洲に満洲国を建てて皇帝になろうとするのを邪魔だてする勢力を退《の》けただけのことなのです。満鉄線の爆破などは、プロセスのなかの一事件にすぎません。

ところが、そうした大枠を取り払ってしまうと、満洲事変はまさに日本の侵略行為になってしまうのです。しかしジョンストンのこの本は、歴史の実際は違うのだ、ということを明らかにしています。したがってこの本は、日本人全員がその筋を心に留めるためにも必ず読むべき文献です。そうすれば中国から何かいわれてもヘイコラしなくても済みます。「日本は中国に対して原罪がある」という猪木老先生のような無用の配慮など要《い》らなくなります。

## 満洲族の悲劇

しかし東京裁判では、満洲国は関東軍によってでっち上げられた日本の傀儡国家であるとされてしまいました。溥儀は日本に脅迫されて国をつくらされた、ということになってしまったのです。いわば、満洲人たちが行おうとした民族自決運動はすべてなかったことにされてしまいました。

こんな判決が出ることになった背景には、戦前の日本が行ったことはすべて「悪」だったことにしようとする、アメリカをはじめとする連合国側の思惑があったことはいうまでもありません。しかしもうひとつ、その裏には当時の中国政府が満洲の支配権を主張していたという事実があります。

すでに触れたように満洲の地は、歴史的に見ても中国固有の領土ではありません。長いシナの歴史にあって、満洲の地は万里の長城の外にあり、つねに「化外の地」とされてきました。シナ文明の及ばない土地として、漢人の本来の勢力圏外に置かれていたのです。

そのほんとうの例外は、清朝だけでした。清朝では、満洲もシナ帝国の一部に組み込まれていましたが、何度もいうように、これはシナ帝国が満洲を領土としたのではなく、逆に満洲族がシナを領土にしたからそうなっただけのことです。したがって、どう見ても中国の政権が満洲の領有権を主張できるはずなどないのです。

じっさい、「滅満興漢」をスローガンにして清朝打倒の革命運動を主導した孫文のビジョンにも満洲はふくまれていませんでした。孫文にとって、満洲はシナではなかったからです。また蔣介石も「満洲は中国の領土ではない」と公言していた時期があります。ところがその後一転して、蔣介石の中国政府も毛沢東の中国共産党も「満洲は中国の領土だ」と言い出します。厚顔無恥といわざるをえません。

繰り返せば、満洲が中国の領土である根拠などどこにもないのです。

それにもかかわらず中国が満洲を自分の領土に繰り入れ、あろうことか「満洲という言葉を使うな」「中国東北部といえ」と日本のマスコミなどに強要してくる根拠はただひとつ――満洲建国は日本の大陸侵略の第一歩であった、また満洲は中国の一部である、とする東京裁判の間違った判決だけなのです。

この誤った判決を認めることは、満洲に生まれ育った満洲民族の自治権と生存権を否定することにつながります。いや、げんに、満洲の地が中国領土となって以来、満洲族は滅亡の道を進まされました。多くの満洲族は満洲の地から強制移住を強《し》いられ、満洲族独自の文化や言語は放棄させられました。そして漢民族への同化政策の結果、あの清朝を建てた誇り高き民族は事実上姿を消してしまったのです……。

# 第五章

# 戦前は「暗い時代」ではなかった

## 占領軍が抱いた「日本恐るべし」の念

戦後は、朝日新聞をはじめとする左翼ジャーナリズムやいわゆる進歩的文化人たち、あるいは日教組など、自国を悪くいう「反日的日本人」が雨後のタケノコのように簇生《そうせい》しました。最近では、外務省のチャイナ・スクールやコリアン・スクールの官僚連中が、北朝鮮の拉致問題や中国問題などに関して、日本の国益よりも中国、北朝鮮の国益のほうを重視するかのような動きを見せています。

それにしてもなぜ、みずからの国を軽視し日本の歴史について悪口をいう人が出るようになったのでしょうか。これには大きく分けて、ふたつの要素があるように思います。

ひとつは、米軍の占領政策。

もうひとつは、戦前の共産党員（そして、そのシンパ）たちの怨念です。

順を追って述べてゆきます。

アメリカの占領軍が最初に日本に来たころ、彼らは日本軍が強いことをよく知っていました。

たとえば昭和二十年（一九四五年）二月の硫黄島《いおうとう》の戦いで、アメリカ軍は島の形が変わってしまうほど圧倒的な艦砲爆撃を行い、その後上陸作戦を開始しましたが、日本軍の頑強な抵抗にあい、なんと守備側である日本軍の戦死傷者よりアメリカ軍のそれのほうが多かったという激戦が繰り広げられました。

同年三月の沖縄戦では、婦女子までもが頑強な抵抗を続けたことはよく知られています。占領軍の兵士たちに「日本、恐るべし」の念が広がったことは想像するまでもありません。

また、彼らにしても歴史の〝if《イフ》〟を考えることができますから、結果的には日本の大敗北に終わったミッドウェー海戦（昭和十七年六月）に、航空母艦だけではなく戦艦大和もいっしょにきていたら……などと考えたとき、ゾッとしたことでしょう。戦艦大和が戦列にあったら、空母三隻の米太平洋艦隊が完璧に負けていたことは明らかです。そうなればその先にあるハワイも陥《お》ちていたかもしれない。アメリカの陸軍もイギリスを助けるためにアフリカなどに行っている暇はなかったはずです。そうなると、ヒトラーはイギリスを襲ったかもしれないし、「砂漠の狐」と恐れられたドイツのロンメル将軍はカイロからスエズを取ったのではなかろうか……。

そんな局面になればどうなっていたか？　そのとき日本海軍はすでにイギリスの東洋艦隊およびインド洋艦隊を撃滅させていたわけですから、ミッドウェー海戦後、急転直下、和平ということになっていたのではなかろうか。そうすれば……。

あるいは、もう少し時間が下って昭和十七年八月から翌十八年二月のガダルカナル戦のころ、戦艦大和が「ガ島」に行っていたらアメリカ軍は全滅していたでしょう。これは簡単な〝i《イ》f《フ》〟です。

こんなふうに考えれば、日本はたしかに負けたけれども、それは物資も何もなくなったから負けたのです。阿呆でないリーダーがいて、日露戦争のときの東郷（平八郎）元帥のように、連合艦隊司令長官が真っ先に戦場に駆け込んでいくようであったなら、アメリカだって勝てなかったのではあるまいか……。

それぐらいの〝i《イ》f《フ》〟は彼らも考えただろうと思います。占領軍も、「日本、恐るべし」の思いを抱きながら日本に進駐してきたはずです。

## 東京はホロコーストされた町である

そのアメリカが勝ったのは、主として空襲によって日本人を大虐殺したからです。東京は一晩で十万人も殺されました（昭和二十年＝一九四五年三月十日）。さらにアメリカはそんな爆撃を何度もやって、日本の約六十の都市も焼き払います。おまけに原爆を、ひとつでは足らずにふたつも落としたのです。

イギリスとアメリカ空軍によるドイツのドレスデン爆撃（一九四五年二月）は、戦後ドイツ人が取り上げる連合国側の犯罪です。焼夷弾《しょういだん》、爆弾、機銃掃射で殺されたドレスデン市民は三万人を下らないとされています。しかも、ドレスデン駅に東ドイツ方面から逃げてきた避難民が大勢いましたから、彼らを入れると被害者は十万人近くになるといいます。英米軍は完全に非戦闘員が集まっている場所を爆撃したのです。最初から殺すつもりでやった空爆ですから大惨事です。

これは余談になりますが、私は今年のはじめ、国際的な古書関係の小冊子に数ページにわたって英文の自伝を載せました。「書物と私」と題したエッセイです。そのなかで、戦後私が東京へきたときに目撃した光景として、〝Tokyo was a holocausted city.〟と書きました。「東京はホロコーストされた町であった」と書いたわけです。一晩で十万人焼き殺された都市ですから、まさにホロコーストされた町です。十万人というのは、ナチのアウシュビッツ収容所が何か月かかっても殺しきれない数でしょう。

このように、東京を「ホロコーストされた町である」と位置づけて、英語で出版したのは私がはじめてではないでしょうか。外国人は、日本で大被害を受けたのは原爆による「ヒロシマ」「ナガサキ」だけだと思っています。その誤りは正さなくてはなりません。

また、発表媒体が古書関係の小冊子ですから、「ほかの約六十の大都市も、本の山とともに焼かれた」と書きました。このエッセイは世界中で読まれます。何よりも本を大事にする世界中の愛書家たちが「本の山とともに焼かれた」という一節と戦時下の日本が受けた大被害についていったいどういう反応を示すか、いまから楽しみにしています。

ついでにいっておけば、日本の本土空襲の指揮をとっていたのはカーチス・ルメイという将軍でしたが、彼は戦後、明らかに非戦闘員を狙った爆撃だったとする批判に対して何ひとつ反省の意を示しませんでした。ところが、日本政府はそんなルメイ将軍に対して、「戦後、日本の航空自衛隊の育成に協力した」という理由から勲一等旭日大綬章を贈っています（昭和三十九年）。時の総理大臣は、のちにノーベル平和賞を受賞することになる佐藤栄作です。釈然としない日本人がいても不思議ではありません。

それはさておき、アメリカ軍は原爆投下だけでなく、東京大空襲、さらに六十都市爆撃と、やりたい放題の蛮行をはたらきました。そんなことをしながら、日本に進駐してきました。いったい、夜、安心して眠れるものでしょうか。正気な人間ならとてもそうはいきません。

自分たちは悪いことをやりすぎたのではないか。自分たちは日本人から復讐されるかもしれないと、そんな怖れを抱いていたと思います。そうすると、人間というものはどうするでしょうか。

彼ら占領軍は——日本が二度とわれわれに刃向かえないようにしなければならないと考えたのです。

## 日本人に「罪悪感」を植えつけた占領政策

アメリカ人の過去の体験からいえば、日本に対する殲滅《せんめつ》的な空襲はインディアンに対するケースといっしょです。

アメリカ人はだれだって、彼らがインディアンの土地を奪ったことを知っています。「新大陸」だといって勝手にインディアンの土地に入り込み、それを奪ってしまいました。しかしインディアンからすれば、その土地はなにも「新大陸」ではありません。自分たちがむかしから住んでいた土地ですから、いうならば「旧大陸」です。それをアメリカ人は武力でもって攻撃し、次々と土地の収奪を続けました。最初のうち、インディアンは恐るべき敵でした。だから西部劇もつくられたわけです。ところが、いったん征服して何十年かたつと、インディアンたちも徐々に敵愾心《てきがいしん》が失《う》せ、抵抗力を失っていきます。

そこで日本に進駐してきた占領軍は、日本人もインディアンたちのようにしてやろうと考えたわけです。

ところが、インディアンの場合は歴史といっても酋長《しゅうちょう》のお話ぐらいしかないのに、日本には独自の文化・文明があります。文字で書かれた歴史もあります。したがって「歴史抹殺」というプロセスが必要になってくる。インディアンのように簡単にはいきそうにありません。

また日本に来てみると、当時の日本人は、自分たちが戦争をして悪いことをしたとはだれも思っていない。それどころか、自分たちはアメリカから石油を止められ、経済封鎖され、いわば首を絞められたから逆襲のパンチを放ってやったのだと、その程度に思っている。いわゆる「ＡＢＣＤ包囲網」（Ａはアメリカ、Ｂはイギリス、Ｃはシナ、Ｄはオランダの頭文字）を仕掛けられたからバンと仕返ししたのが真珠湾攻撃だ、くらいに考えている。そこでなんとしても日本人に、自分が悪かったのだという罪悪感を植えつけなければならないと考えるに至ります。嘘でも何でも「戦前の日本人は悪かった」「悪かった……」と言い続け、日本人を洗脳する必要があったということです。

これがアメリカ軍の初期の占領政策です。いわゆる“War Guilt Information Program”すなわち「罪悪感の埋め込み運動」。占領軍は全力を挙げて、日本人に罪悪感を植えつけようとしました。

彼らは、昭和二十年の十二月八日からアメリカ人が書いた太平洋戦争史を日本の新聞に連載するように強要してきました。「十二月八日」というのは、いうまでもなく一九四一年、真珠湾攻撃によって戦争に突入した日です。その記念日から——第二次世界大戦の本質は「英米の民主主義」対「日独伊の全体主義」であった、つまり「正義のデモクラシー」と「邪悪のファシズム」の戦いであったというプロパガンダを連載するように、という命令を出したのです。さらに「真相はこうだ」というラジオ・ドラマが連日流されるようになりました。「われわれ日本国民は、われわれに対して犯された罪を知っている。罪を犯した軍国指導者がだれであるか知っている。誰だ、誰だ……」といった調子の宣伝ドラマです。

日本人は敗戦でボワーッとしていましたから、ラジオや新聞で「日本人は悪かった、悪かった」と連日のようにやられると、そんなものかなと思ってしまいました。とにかく、それ以外の報道はないのです。占領軍のやり方も徹底していました。

しかし考えてみれば「大東亜戦争とはいうな、太平洋戦争といえ」という命令など、ムチャな話です。そもそもあの戦争の舞台の大部分はシナ大陸だったし、日本軍が戦った戦場はマレーからビルマ、インドまで入っていました。日本海軍はインド洋でも作戦を行っています。「太平洋戦争」ではありません。しかし、そういわないと捕まってしまう。そんなふうにアメリカは自分たちの見方を押しつけてきて、「日本は全部悪かった」「戦前は悪かった」と言い続けたのです。そして、占領軍がきたおかげで日本は民主主義の国になった、自由主義の国になったのだという見方を押しつけてきました。

もちろん、そんなことはない、といいたい人は大勢いました。じっさい日本は、日露戦争に勝ったあと着々と民主主義のほうへ進んでいました。だから、日露戦争に勝ったときの首相・

桂太郎が組織した内閣でさえ議会の攻撃によってつぶれてしまうということが、すでに大正時代にあったわけです。収入に関係なく国民みんなが投票権をもつ普通選挙も行われるようになっていました。自主的に、民主主義・自由主義の方向へ進んでいたのです。それが逆行したのは戦時体制に入ってからです。そういうことはみな、日本人は常識として知っていましたから、なにもアメリカから民主主義を教えられたわけではないと思っていました。

ところが、そういうことは公然というわけにいきませんでした。当時、占領軍に対する批判はいっさい許されなかったからです。

その一方、軍隊は解体され、今後いっさい武力はもたないという憲法を押しつけられることになります。産業面では、モーゲンソー財務長官のいわゆる「モーゲンソー・プラン」に則《のっと》って、ドイツと日本は農業と軽工業の国にしてしまおうということになりました。

その実例に私もふくまれます。いまでは貴重な体験をしたと思っていますが、戦後、旧制中学の終わりごろに、こんなことがありました。

私の学校は理科コースと文科コースに分かれていて、私は旧制中学五年生のとき理科コースにいました。三浦重三《じゅうぞう》という先生がクラスの担任で、物理を教えておられました。この三浦先生は元海軍技術大尉で、戦闘機「雷電」のプロペラをつくっていたということでした。東北大学を出た、いわゆるポツダム大尉です。

その三浦先生がある日、こうおっしゃったわけです。「君たち、理科コースにきたけど、大学の工学部に行ってもしようがねえぞ。工学部でいちばん進んでいるのはなんといっても飛行機だ。おれは飛行機をつくっていたからよく知っている。ところが日本はもう飛行機はつくれない。工学の芯《しん》が止められてしまったのだ。また、物理学部といえばその中心はなんといっても原子核の研究だが、それも止められている。君たちも新聞を読んで知っているだろうが、理化学研究所のサイクロトロンは東京湾に沈められてしまった。その写真は見ただろう。みんな、学問の芯が止められてしまったから、これからの日本は自転車でもつくって東南アジアに輸出するより仕方がないだろう」と。

そこで仲間も大勢文科コースへ移りましたが、私も文科へ鞍替《くらが》えしました。そして今日に至る、というわけです。

## 朝鮮戦争の歴史的・経済的な意味

そういう事情もあって、私は上智大学の英文科へ進みました。その二年生のときの昭和二十五年六月二十五日、朝鮮戦争がはじまりました。

朝鮮戦争が起こる直前までアメリカの防衛圏は、北からいえばアリューシャン列島、日本列島、琉球列島、そしてフィリピンを結ぶ線であると、アチソン国務長官はいっていました。朝鮮半島は入っていませんでした。それを奇貨《きか》として、朝鮮半島を南下し韓国へ攻め入ったのが北朝鮮の金日成《キムイルソン》です。北朝鮮は東側陣営、韓国は西側陣営ですから、アメリカも韓国を放っておくわけにはいかない。しかも北朝鮮の背後には同じ社会主義国のソ連と中国がついている。そのままにしておけば朝鮮半島はすべて赤くなってしまう。ということで朝鮮戦争がはじまったわけです。

そのとたん、アメリカ（マッカーサー元帥）にも、東京裁判で日本側の弁護団が主張していたことがパッとわかりました。なるほど、朝鮮半島に北から大国が軍隊を送ってきたら日本としては横腹に匕首《あいくち》を突きつけられるようなもので、到底座視《ざし》することはできない。げんに日清戦争は、条約に反して清国《しんこく》が朝鮮半島に軍隊を送ってきたことからはじまっています。日露戦争は、満洲および遼東半島を全部取ってしまったロシアが、今度は北朝鮮に軍港を築き、さらに南下しようとしたから勃発した。

いま韓国へ攻め入ってきた北朝鮮軍を追い払おうとしているおれたちと、日本の立場は同じではないかと、マッカーサーもすぐに気づいたのです。

マッカーサーは、一時は非常に勝って、現在中朝国境になっている鴨緑江《おうりょっこう》の北まで北朝鮮軍を追い払っています。すると、毛沢東が百万という軍隊を送り返してきたので、下がらざるをえなくなる。そこでマッカーサーはトルーマン大統領に、満洲の爆撃と東シナ海の港湾封鎖の許可を求めています。ところがトルーマンとすれば、ようやく世界大戦が終わったところだというのに、また中国・ソ連と戦争するのはさすがにキツすぎると思ったのでしょう、マッカーサーの要求を認めませんでした。

マッカーサーは改めてまた、日本が主張していたことはほんとうだったと痛感します。たしかに満洲国という国をつくっておけば朝鮮半島も安全だし、その満洲で共産主義勢力の侵略を食い止めることもできる。そうした地政学を知らなかったから、われわれは日本を叩いてしまった。まさに「われ、過《あやま》てり」と思ったはずです。

マッカーサーは軍事的にも満洲爆撃と東シナ海の港湾封鎖が必要だと思ったから、再度それを強引に主張しました。すると、トルーマン大統領に呼び戻されてしまいます。「総司令官解任」です。

アメリカ側の戦線は後退して、ふたたび共産軍によってソウルが取られそうになります。そこでアメリカも、今度は原爆でも使うかということになる。それを知った共産勢力は停戦に向けて動き出す。かくして三十八度線で停戦、ということになったのが朝鮮戦争の流れです。

この戦争のおかげで、前述したような占領政策はストップされました。朝鮮半島の地政学的重要性を改めて知り、すっかり反省したアメリカはすぐに日本を独立させようと思います。そこでサンフランシスコ講和条約（昭和二十七年）へ向かう流れができたわけです。

また、朝鮮戦争による特需も起こります。アメリカ軍がどんどん注文を出してくるから日本の景気もよくなりました。

多くの人は、朝鮮戦争の特需があったおかげで日本は豊かになったと思っているようですが——そして、たしかにそういう面もありましたけれども——それは末梢的な現象にすぎません。

いちばん重要なことは、「モーゲンソー・プラン」に沿って日本に禁じていた重工業を、朝鮮戦争を契機にして解禁したことです。そしてすぐに日本占領をやめて独立させようという方向に切り替わり、平和条約がサンフランシスコで結ばれ、それで戦後の日本が立ち直ることができたのです。

## 「大東亜戦争は日本の自衛戦争だった」と証言したマ元帥

さて、本国に呼び戻されたマッカーサーはどうなったか。

昭和二十六年五月三日、上院軍事外交合同委員会に召喚され、大東亜戦争に突入した日本について証言を求められています。そのときの議会証言がきわめて重要で、これこそ私がこの十年ぐらい繰り返してやまないポイントです。ようやく最近、雑誌「正論」がこの「マッカーサー米議会証言録」全文の連載をするようになりましたが、そこでマッカーサーはこんな証言をしています。

日本は八千万に近い厖大な人口を抱え、それが四つの島のなかにひしめいているのだということを理解していただかなくてはなりません。その半分近くが農業人口で、あとの半分が工業生産に従事していました。

潜在的に、日本の擁する労働力は量的にも質的にも、私がこれまでに接したいずれにも劣らぬ優秀なものです。歴史上のどの時点においてか、日本の労働者は、人間は怠けている時よりも、働き、生産している時の方がより幸福なのだということ、つまり労働の尊厳と呼んでよいようなものを発見していたのです。

これほど巨大な労働能力を持っているということは、彼等には何か働くための材料が必要だということを意味します。彼らは工場を建設し、労働力を有していました。しかし彼らは手を加えるべき原料を得ることができませんでした。

日本には絹産業以外には、固有の産物はほとんど何も無いのです。彼らは綿が無い、羊毛が無い、石油の産出が無い、錫《すず》が無い、ゴムが無い。その他実に多くの原料が欠如している。そしてそれら一切のものがアジアの海域には存在していたのです。

もしこれらの原料の供給を断ち切られたら、一千万から一千二百万の失業者が発生するであろうことを彼らは恐れていました。したがって彼らが戦争に飛び込んでいった動機は、大部分が安全保障の必要に迫られてのことだったのです。（傍点渡部）

さらにマッカーサーはこう発言します。

太平洋において米国が過去百年間に犯した最大の政治的過ちは共産主義者を中国において強大にさせたことだと私は考える。

この言葉こそ、朝鮮戦争を戦ってみて骨身に沁みたマッカーサーの実感であり、東京裁判は誤りだったという反省のあらわれでした。

ここにある「安全保障」という言葉の原文は〝security〟です。これは「自衛」と訳してもいいし「生存」と訳してもいいと思います。

これは、すべての日本人が聞きたかった言葉でした。

ところが、どのマスコミもこの言葉を報道しませんでした。朝日新聞もＮＨＫも報道していません。おそらく彼らはこう弁解することでしょう。――占領下にあったから、それはできなかった、と。

たしかに、それはありうることです。しかし、もしそういうのであれば、いまからでも遅くないから雑誌「正論」だけに任せるのではなく、自分たちも大々的に報道して日本人の誇りを取り戻す一助にしてもらいたい。日本人全員がこのマッカーサー発言を知るようになれば、日本の雰囲気はがらりと一変します。日本人としての誇りも甦《よみがえ》ることでしょう。そうなれば中国や韓国、北朝鮮にゆすられることもなくなります。

## NHKに「マッカーサー一代記」放映を提言する

これに関連して、私がずっと提案しているプランがあります。

NHKが「マッカーサー一代記」という番組をつくって、ゴールデン・アワーの一時間か一時間半、それを何度か流すことです。

マッカーサーは軍人の家に生まれ、父親に伴われて日露戦争を観戦しています。第一次世界大戦では三十八歳で師団長になっています。まず、そういう紹介からはじめます。

そして昭和十六年、大東亜戦争が勃発すると極東米軍総司令官としてフィリピン防衛に当たります。ところが緒戦《しょせん》で本間雅晴中将率いる日本軍に破れ、何万人もの部下を放り出して、コレヒドール島からミンダナオ島を経てオーストラリアに逃れています。このときの彼の言葉"I shall return"は有名です。「私は戻ってくる、きっと仕返しをする」という意味です。

大威張りの空軍を全滅させられたのだからよほど悔しかったはずです。しかし、なぜ全滅させられたのか、マッカーサー総司令官にはその理由がわかりませんでした。台湾から飛び立ってきた零戦《ゼロせん》にマニラ周辺のクラーク飛行場を攻撃されたとき、彼は日本の航空母艦がすぐ近くにきていると思ったようです。しかし零戦は台湾から飛んできたのです。敵機の航続距離も知らなかったわけですから総司令官としては失格です。それで米空軍は文字通り全滅した。

バターン半島に何万人もの将兵を残して、自分は逃げ出したわけですから、マッカーサーにすれば、日本軍は憎くて憎くてしようがなかった。そこで彼はまた攻め上ってきました。飛び石伝いでソロモン諸島から上がってきたのです。

このときアメリカには、マッカーサーのその戦法と、太平洋艦隊司令長官・ニミッツ提督の戦法と、ふたつの選択肢がありました。ニミッツはまっしぐらにサイパンまできて、サイパンを陥《おと》したあとは一気に日本を攻めるという考えです。ところがマッカーサーはニューギニアで戦い、徐々に攻め上ってきて、"I shall return"——最終的にはフィリピンも攻めるという戦法でした。

いまから見れば、フィリピン攻略などまったく余計な作戦です。軍事専門家の評価も低い。

そのためにマッカーサーは大統領になれなかったのだ、という説もあるほどです。そのあたりのこともテレビでは描きます。要《い》らずもがなのフィリピン戦を決行したことも伝えます。なぜなら、あの戦いをしなければ日本もフィリピンに迷惑をかけずに済んだからです。

昭和十八年に日本の帝国議会はフィリピンの独立を明言して、ラウレル大統領が選出されています。当時、アジアのほとんどの国が列強諸国の植民地だったことを思えば、フィリピンの独立は画期的な出来事でした。ところがマッカーサーは日本軍を打ち破り、フィリピンに舞い戻ってくると、ラウレル大統領を無視して独立などなかったことにしてしまいます。まったくひどい話です。

そして日本を占領すると、日本人は邪悪である、全部日本が悪いといって、先のような「ウォー・ギルト・インフォメーション・プログラム」に基づく占領政策を実施したわけです。ところが突如、朝鮮戦争が勃発します。すると前述したように、マッカーサーも「我、過てり」と悟ります。そしてそれが米上院軍事外交合同委員会での証言につながる。テレビでは実際のテープを使えると効果的です。

彼らが戦争に飛び込んでいった動機は、大部分が安全保障の必要に迫られてのことだったのです。

これを英語のまま流すと、もっと効果的でしょう。

Their purpose, therefore, in going to war was largely dictated by security.

こんな番組を流したら、日教組も社民党も共産党も朝日新聞論説室も、全部吹っ飛んでしまいます。彼らがいってきた「日本は侵略国家だった」という主張など、全然根拠がなかったことがはっきりするからです。敵の大将が「日本の戦争は自衛戦争だった」といっているのだから、説得力が違います。

私は何度も、こうした「マッカーサー一代記」をつくってそれを流してもらいたいといっているのですが、NHKは一向につくる気配を見せません。ここまでくれば、今度はNHKの受信料の不払い運動の人たちと連携をとって、この番組を放送しなければ不払い運動に与《くみ》するぞといってもいいくらいに思っています。

## なぜ日本人がみずから「侵略戦争だった」というのか

マッカーサー証言に関連して、非常に愉快な話を聞きました。

二〇〇五年三月のことです。東京都杉並区の区議会がありました。区長の山田宏さんは松下政経塾の出身ですから、とても健全な保守思想の持ち主です。ところが杉並区というのは日本の左翼の発祥地《はっしょうち》といってもいいくらい左翼的な土地で、広島の原爆反対運動も、広島より先に杉並ではじまったといわれているくらいです。区会議員のなかには全共闘出身者も何人かいるといわれています。

区議会が開かれると、山田区長に対して、傍聴席から野次が飛んだり、わあわあ騒いだりするそうです。そのとき、こういう主旨の質問が出ました。「区長はこの前の戦争を侵略戦争と思っていないのか。聖戦だったと思っているのか」と。

山田区長は私とも親しい人ですから、「侵略戦争の定義をしてもらわなくては困る」といいました。また、「聖戦も、定義してもらわないと答えようがない」と答えたそうです。

そしてちょっと間を置いてから、「それはそれとして、マッカーサーは、日本がこの前の戦争に突入したのは主としてセキュリティのためであったといっています」といって、マッカーサー発言を英語で引用したそうです。山田区長は京都大学法学部卒のなかなかの勉強家ですから、英文のまま引いたといいます。

Their purpose, therefore, in going to war was largely dictated by security.

そして、「敵の大将であったマッカーサーまで、日本の戦争は侵略戦争ではなかった、それはセキュリティのための戦いだったといっています。それなのになぜ、日本人であるあなたがたが、あれは侵略戦争だったというのですか」といったら、それまでギャアギャア騒いでいた傍聴席が一瞬シーンとしてしまったそうです。

いまでもマッカーサー証言に効き目があることは、この一事からもわかります。

マッカーサー証言は決め手になります。敵の大将が「大東亜戦争は侵略戦争ではなかった」と判断しているのに、なぜ日本人が「侵略戦争だった」と騒ぐのか。

日本および日本人を心の底から憎んでいるからだろうと思います。そういう人種が日本の左翼なのです。

昭和二十年から二十七年まで、日本が七年間占領されているあいだに、また「戦争犯罪人」と決めつけられて千人以上の人たちが死刑に処され、何万人もの愛国者たちが公職から追放されているあいだに、彼ら左翼はその隙を衝《つ》いて官界に、マスコミ界に、法曹界に、教育界に潜《もぐ》り込んでいきました。そして戦後の日本社会に「反日」という毒を流し続けたのです。

## 天皇制の廃止を謳った日本共産党

本章の冒頭で、自国を軽視し自国の歴史について悪口をいう人が出るようになったのは、米軍の占領政策と、もうひとつは戦前の共産党員（そして、そのシンパ）たちの怨念のせいだと指摘しました。

では、戦前の共産党とはどういう集団であったのか。これを調べてみると、左翼とはなんぞや、ということもよくわかります。

戦前の共産党は、正式にいえばコミンテルン日本支部ということになります。

共産主義を国際的に広めようという組織であるコミンテルンは一九一九年に創設されています。国際組織とはいえ、実際上はソ連が牛耳《ぎゅうじ》っていたことは周知のとおりです。日本共産党が正式に加入を認められたのは第四回世界大会のときですから、一九二二年（大正十一年）です。以後、そのコミンテルンからお金も指令もくるようになり、そしてその指令はいっさい疑うことなく実行しようということになる。そういう連中が共産党員でした。

それでは、どんな指令がきたのか。共産党がコミンテルンに入ったときに出された「二二年テーゼ草案」を例にとれば、主な項目は次のようになります。

天皇制の廃止
貴族院の廃止
現在の軍隊、警察、憲兵、秘密警察の廃止
労働者の武装
朝鮮、中国、台湾、樺太《カラフト》からの軍隊の撤退
天皇および大地主の土地の没収とその国有化

一瞥《いちべつ》しただけで、このテーゼがいかに日本の現実を見ていないものであるかがわかります。「天皇制の廃止」「日本陸軍の撤兵」など、貧弱な一組織である共産党にできるわけがない。しかも当時の日本において、天皇および皇族に対する罪は否応《いやおう》なく死刑となりました。それなのに「天皇制の廃止」や「天皇の土地の没収」を謳《うた》っているのです。

もっともこれは「草案」ですから、天皇制の廃止をふくめて、これを綱領とするかどうかは日本共産党の決定に任せられました。しかしその次の、一九二七年に出された「二七年テーゼ」になるとはっきりと「天皇制の廃止」が謳われます。そこにはこうした指令が記されていました。

天皇は大土地所有者であるだけではなく、多くの株式会社および企業連合の極めて富裕な株主である。最後、天皇はまた、資本金一億円の彼自身の銀行を持っている。

天皇制の廃止。

天皇、地主、政府および寺社の領地の没収。

こうしたきわめて攻撃的なテーゼが送られてくると、初期の大物たちは共産党を抜けていきます。

それはそうでしょう。だいたい一九一七年のロシア革命のとき、ソ連共産党はロマノフ王朝に対して何をやったか。ソ連共産党はロマノフ王朝の皇帝、皇后、皇子、さらには皇帝の乗っていた馬まで殺しています。そんなことを日本で天皇および皇族に対してやれというのか。これはとても付き合いかねるということで、大物たちは徐々に抜けていったのです。

荒畑寒村《あらはたかんそん》、堺利彦、山川均などです。

ところが、それでも共産党にすがりつく愚かな人たちはいました。そんな連中に対して、ソ連はどんどん指令を発してきました。「二七年テーゼ」の次は「三二年テーゼ」（一九三二年）です。

前述した「二二年テーゼ草案」とそれに従う日本共産党の活動を前にして、当局としては、これを取り締まらなくてはいけない。それで治安維持法ができます（一九二五年＝大正十四年）。治安維持法は、戦後は「悪法の典型」といわれてきましたけれども、現存する体制を暴力で引っくり返す、皇室を廃止する、といっている団体を取り締まる法律をつくらなければこれは怠慢でしょう。つくって当然でした。

その第一条第一項にはこうあります。

国体ヲ変革シ又ハ私有財産制度ヲ否認スルコトヲ目的トシテ結社ヲ組織シ又ハ情ヲ知リテ之ニ加入シタル者ハ十年以下ノ懲役又ハ禁錮ニ処ス

最初につくられた治安維持法に死刑はありませんでした。昭和三年の改正で、最高刑が死刑になります。

国体ヲ変革スルコトヲ目的トシテ結社ヲ組織シタル者又ハ結社ノ役員其ノ他指導者タル任

務ニ従事シタル者ハ死刑又ハ無期若《モシク》ハ五年以上ノ懲役若ハ禁錮ニ処シ情ヲ知リテ結社ニ加入シタル者又ハ結社ノ目的遂行ノ為ニスル行為ヲ為シタル者ハ二年以上ノ有期ノ懲役又ハ禁錮ニ処ス

しかし、治安維持法で死刑になった人間はひとりもいません。作家の小林多喜二《たきじ》が治安維持法で築地署に逮捕され、転向を拒否して殴られて死んだのは有名ですが、しかし裁判で死刑になったわけではありません。

## 拳銃で抵抗した共産党幹部たち

これに対して当時の共産党は暴力主義でした。先のテーゼにも「労働者の武装」という項目があります。だいたい共産党の背後にいるソ連のボルシェヴィキが「暴力を使うべし」という立場ですから、党の幹部たちは拳銃をもっていました。そして警官に抵抗しました。したがって共産党員に殺されたり、重症を負った警官は五十人をくだらなかったといわれています。

たとえば警察当局は特高（特別高等警察）を中心にして、昭和三年三月十五日（三・一五事件）と昭和四年四月十六日（四・一六事件）に共産党員の大検挙を行っていますが、党の幹部のなかにはこの検挙を逃れた者がいます。そういう連中に対しては個別的にその潜行先を探り出し、居場所を突き止めると、包囲して逮捕にかかっています。

昭和三年十月二日、実務家肌のオルガナイザーとして知られる三田村四郎の潜《ひそ》んでいる家を急襲したときは、高木信平巡査部長が二階へ駆け上がろうとすると、三田村が隠しもっていたモーゼル銃を発射。弾丸《たま》は高木巡査部長の右顎を貫いて、巡査部長はその場に倒れています。それで三田村はまんまと逃走した。

翌三日、党の中枢幹部のひとり、国領伍一郎の隠れ家に向かったときは、二階から国領が姿をあらわし、「撃つぞ、撃つぞ」と叫んで引き金を引いた。ところが何度撃っても弾丸が出ない。それでうまく取り押さえることができましたが、もし不発でなかったら警察官に犠牲者が出ていたことは確実です。

共産党書記長だった渡辺政之輔《まさのすけ》の場合は——「三・一五共産党検挙」によって逮捕者が千数百人、そのうち起訴された者が四百八十四人に及んだので、その対応を相談するため、昭和三年の九月に上海に行き、そこでコミンテルン関係者と打合せをしたあと、翌十月、帰国すべく台湾の基隆《キールン》行きの船に乗っています。基隆に着くと、臨検のために乗船してきた基隆警察署の与世山《よせやま》刑事に不審を抱かれ、同行を求められています。そしてランチ（小型蒸気船）で基隆署へ向かい、上陸しようとするとき、いきなり小型ブローニング六連発を取り出すと与世山刑事に二発撃ち込みました。この日、岸壁に制服・私服の警官が大勢いるのを見て、渡辺は自分を逮捕しにきた警官たちだと思って、腹巻に忍ばせていたピストルを取り出して撃ったのです。じつはその日の警備は、昭和天皇の即位大典（十一月十日）を控えての単なる警戒でした。しかし渡辺が与世山刑事を射殺したので大騒ぎになります。渡辺はいったん逃げ出しますが、たちまち追いつかれ、もはやこれまでと、銃口を頭に当てて自殺しています。

こんなふうに共産党の幹部たちはみな銃をもっていました。ところが日本の警官は、アメリカの警官みたいに、相手がピストルをもっているからこっちもただちにピストルを撃つといったような乱暴なことはしません。とにかくまず逮捕しようという姿勢です。ですから、当時としては金のかかる防弾チョッキを着て逮捕に向かったものです。非常に紳士的です。それだけに与世山刑事や高木巡査部長のように殺されたり、重症を負ったりする人も多かったのです。そんな同僚が大勢いるわけですから、勢い、警察での取り調べが手荒になったケースもあったようです。先に触れた小林多喜二のケースもそのひとつでしょう。

## 戦前を真っ黒に塗りつぶす共産党員の怨念

なかには、『日本資本主義発達史』（岩波文庫）を書いた共産党の理論的指導者・野呂栄太郎のように重症の肺結核で、どこにいたって死んだような人が獄中で病状が悪化して北品川病院で死んだケースもありますが、共産党員には、仲間内で殺された人間も大勢います。たとえば、山本懸蔵《けんぞう》。日本を棄ててソ連へ逃げた幹部ですが、戦後の日本共産党議長・野坂参三からスパイ容疑をかけられ、密告されたため、スターリンによって処刑されています。また戦後の共産党委員長・宮本顕治も同志・小畑達夫をリンチ殺人しています。

凄惨といえば凄惨な話です。

そんななかでも、日本国をなんとかひっくり返してやろうと思っていた連中がいたのです。もっとも、党員の数は前述したようにせいぜい六百人前後でした。それも相次ぐ検挙で徐々に数が減り、わずかに残った党員が網走刑務所に収監されていました。

戦前の共産党の特徴としてはもうひとつ、シンパおよび同調者にコリア系の人が多かったことを挙げることができます。宮本顕治が小畑達夫をリンチで殺したとき、見張りに立っていたふたりはコリアンでした。

ただし、昭和ひと桁の時代はまだ戦争もはじまっていませんから、日本にきているコリアンの数は少なかったと思います。それでも江東地区の共産党系組合の過半数はコリアンだったといわれています。

共産党の理論をリードしたのは「福本イズム」で知られる福本和夫です。簡単にいえば、マルクス主義的闘争をするにはまず右傾分子や日和見主義者を排斥し、残った純粋マルキストだけが集結しなければならないという理論ですが、それを難解な文章で書いて、若者たちから崇拝されました。しかし何度読んでも理解できないようなその文章は、難解というより一種の阿《あ》呆《ほ》陀《だ》羅《ら》経《きょう》だったため、こんなことでは大衆闘争はできないと、モスクワのコミンテルンから痛烈に批判され、それを契機に失脚しています。そのあとに登場したのが高橋貞樹です。

総じていえば、共産党に入党した連中は日本政府に不満をもっていました。天皇を憎んでいました。国を守る軍隊も嫌った。そんなふうに国家を転覆したいというのが彼らの狙いですから、治安維持法にやられるのも当然です。

ところが、やられたほうからすれば、戦前はものすごい弾圧政府だったということになります。

しかし、じっさいはどうであったか。

重ねていいますが、治安維持法で死刑になった人間はひとりもいません。死刑を宣告された人はいますけれども、「紀元は二千六百年」の昭和十五年に恩赦・減刑になっています。一千万人以上の同胞を殺したソ連と比べてみてもらいたいと思います。そんなソ連のような国にしないための法律が治安維持法だったのです。

警察で死んだ人は何人かいますが、しかしこれは共産党が殺した共産党員の数より少ないくらいでしょう。また恩赦にこぼれた連中も戦場、たとえば激戦のガダルカナルにも行かずに網走刑務所で無事に暮らしていた……。

それでもそうした戦前の生き残りの連中、あるいはシンパの人間からすれば、治安維持法によってものすごい弾圧を受けたという印象は残るのでしょう。そこでその連中が戦後、「戦前はひどかった」「暗黒時代だった」と囃《はや》し立てたのです。そのかぎりでは、彼らのいうことは嘘ではありませんでした。

彼らは戦後、公職追放の空隙を突いてマスコミや教育界に潜り込み、そうした反日宣伝を続けました。だから、あたかも戦前は真っ暗であったかのような偽《いつわ》りのイメージが広まるようになってしまったのです。

いわば、戦前の共産党員たちの筋違いの怨み、ルサンチマン——これがマッカーサーによる占領政策と並ぶ、「戦前＝暗黒」史観のもうひとつの出所《でどころ》です。そしてこれが占領終結・独立回復後も、占領軍の当初の「日本人＝悪人」観や「日本罪悪国」史観を今日まで続けさせる源泉になっているのです。

## 昭和の「明るさ」は雑誌や小説を読めばすぐわかる

ある時代の空気は、その時代の雑誌を開いてみればよくわかります。雑誌というのは雑多な読み物がいろいろ入っているから「雑誌」というのであって、それを見れば時代の雰囲気は一目瞭然です。

私は戦前、大日本雄弁会講談社（講談社の前身）から出ていた「キング」だとか「少年倶楽部」「幼年倶楽部」といった雑誌を読んで育ちました。みんな家に揃っていたし、当時はほかに読むものがなかったから、それを繰り返し、繰り返し読んだものです。いまでもよく覚えていますけれども、誌面はけっして暗くはなかった。むしろ明るかったというべきです。

たとえば「キング」という大国民雑誌の昭和十四年の新年号の附録は何であったか。この年は支那事変（日華事変、日中戦争）がはじまってすでに一年半も経っています。それなのに、『考えよ、そして偉くなれ』という百ページ以上の別冊附録が付いていました。それを読むと、お金を儲けて偉くなったアメリカ人やイギリス人の若いころのエピソードもたくさん載っていました。それぞれの人が、それぞれの道に志を立てて成功した話ばかりです。私が子供だった昭和十四年ごろまでの日本はそういう時代だったのです。まさに「青雲の志の時代」です。断じて、共産党員や占領軍がいうような暗黒時代ではありません。

もう少し客観的にいえば、『佐々木邦《ささきくに》全集』を読んでみればいいと思います。佐々木邦のユーモア小説のあの明るさは明治時代にはまだありません。市民生活が広く発達してきた大正の後半から昭和のはじめにならなければ出てこない明るさです。

たとえば、昭和五年の「キング」に連載された「ガラマサどん」はこんなふうにはじまります。


「我輩も考えてみれば、もう取る年で、先が短い。今の中《うち》に自叙伝を書いて貰いたいと思って、この間から然るべき文章家を探していた。しかし会社外のものに頼むのも具合が悪いから、先頃中島君が義太夫を聴きに来たとき、相談してみたら、君がナカナカ達者だということだった」

「ははあ」

「それから君の書いたものを二三種読んでみたが、皆面白い。何《ど》うだね？　探偵小説がいけるくらいなら、自叙伝もいけるだろう？」

「さあ」

「似たり寄ったりのものだ」

と社長は至って大ざっぱに考えている。

この開けっぴろげな感じはどうでしょう。

左翼の連中が「いちばん暗い時代だった」といっている時代の作品です。しかも佐々木邦の作品に嘘はありません。時代の鏡のような作品ばかりです。だからこそ当時の人もみな、「そうだ、そうだ」とうなずきながら彼の小説を読んだのです。

## この明るい歌を聞け！

戦争がはじまるころまでは、日本はまだ明るかったのです。たとえば、「東京ラプソディ」という門田ゆたか作詞の歌があります。昭和十一年の作品です。ちょっとうたってみましょう。

花咲き花散る宵も　銀座の柳の下で
待つは君ひとり　君ひとり
逢えば行く　ティールーム
楽し都　恋の都

夢のパラダイスよ　花の東京

この三番、四番は、

明けても暮れても歌う　ジャズの浅草行けば
恋の踊り子の　踊り子の
ほくろさえ　忘られぬ
楽し都　恋の都
夢のパラダイスよ　花の東京

夜更けにひととき寄せて　なまめく新宿駅の
あのこはダンサーか　ダンサーか
気にかかる　あの指輪
楽し都　恋の都
夢のパラダイスよ　花の東京

私は子供時代にうたった歌として覚えていますから、いまでも暗誦《そら》でうたえるのは全部昭和十年以降の歌です。たとえば昭和十二年の歌。

若《も》しも月給が上がったら
私はパラソル買いたいわ
僕は帽子と洋服だ
上がると良いわね
上がるとも！
何時頃《いつごろ》上がるの　何時頃よ
そいつ～が解れば苦労はなーい

山野三郎（サトウハチロー）作詞「若しも月給が上がったら」です。こんな歌が、私が小学校のころはやっていました。こんな感じで、とても明るかった。ところが、戦後いろいろいわれる「戦前という時代」にはこの明るさが全然出ていません。私の記憶と色合いがまるで違っています。明らかに戦後の言論のほうが間違っています。

この歌はわが東北の田舎で覚えたわけです。東北の田舎といえば、貧乏の代表的なところです。戦後は、娘が身売りされた話ばかりされる、そんなところではやっていたのが「若しも月給が上がったら」であり、「東京ラプソディ」です。だから、ほんとうはそんなに暗い時代ではありませんでした。

毛沢東の共産軍の陰謀によって盧溝橋《ろこうきょう》事件が起こって支那事変（昭和十二年）がはじまり、統制令（昭和十六年）が敷かれるようになると、さすがにだんだん暗くなっていきますが、その前はまったくそんなことはありません。

## 国益を損なう「お尋ね者史観」

とにかく、戦前はけっして暗くはありませんでした。もちろん、暗いところばかり探せば暗いところはありました。それはいまの日本にも、アメリカにも、イギリスにもあります。しかし全体としてみれば、戦前の日本はむしろ明るかったといえます。

それを一色に「暗い」というのは共産党員を筆頭とする左翼たちです。彼らにとってだけ、戦前は暗かったのです。前述したように、治安維持法ができ、共産党員の大検挙もありました。三月十五日の共産党員大量検挙のとき、党員たちは「三・一五、怨みの日……」という歌をうたったというのですから、彼らにすれば艱難《かんなん》の時代だったのはたしかです。そこで、戦前の日本はものすごく暗くて弾圧ばかりだったということになるわけですが、大多数の日本人はそんなことはまったく思わなかった。
ところが、前にも触れたように左翼の連中が戦後の公職追放令による「大空位時代」にジャーナリズムや学校、言論界に浸透して、そこを支配し、それが今日まで続いているわけです。当然、戦前が明るかったことは書かないし教えないし言わない。だから、戦前は暗い、ということになってしまったのです。
このあたりのことを非常にうまく表現したのはやはり、亡くなった評論家の山本夏彦さんです。彼は『誰か「戦前」を知らないか』（文春新書）という本で、左翼連中の見方を「お尋《たず》ね者史観」と呼んでいます。

「戦前戦中まっ暗史観」は社会主義者が言いふらしたんです。社会主義者は戦争中は牢屋にいた、転向して牢屋にいない者も常に「特高」に監視されていた。彼らにしてみれば、さぞまっ暗だったでしょう。（中略）僕はそれを「お尋ね者史観」と呼んでいます。

戦前は獄中にあったり、特高の監視つきでビクビクしていたお尋ね者たち（共産党員やそのシンパ）が唱えたから「お尋ね者史観」とは、まことに言いえて妙です。そんな連中が戦後の教育界を支配し、今日に至っているわけですから、「戦前は暗黒だった」という人はどんな理屈を捏《こ》ねようとも共産党のシンパだと考えるべきです。

戦前の日本はＡＢＣＤ包囲網さえ敷かれなければ「日独伊三国同盟」（昭和十五年）に追い込まれることはなかっただろうし、そうすれば着実に民主主義の道を進んでいたはずです。何度もいうように、昭和十五年あたりまでは全体として暗いところはありませんでした。

オウム真理教の時代が万一きたとき、その信者たちが、麻原彰晃以下の幹部連中が捕まったころ（平成七年＝一九九五年）の歴史を書けば、おそらく同じように「暗黒の時代だった」という記述になるだろうと思います。ものすごい弾圧の時代で、教祖は潜《ひそ》んでいたところを官憲の手によって強引に引きずり出されたということになるはずです。

どんな国にも明るい面と暗い面があります。しかし、その暗い面ばかりを強調するのは左翼に決まっています。

私は、治安維持法は悪い法律ではなかったと思っています。国家転覆を図る勢力があったとき、それを取り締るのは当然だからです。

その意味で、現在の破防法（平成七年に改正された破壊活動防止法）も必要だと考えています。破壊活動を行う団体を野放しにしていたら「公共の安全」など望めません。破防法もあって当然の法律です。

しかしこの破防法は、死者十二名を出した地下鉄サリン事件のオウム真理教に適用されませんでした。オウム真理教への適用に反対して、それを邪魔した勢力があったからです。いわゆる進歩派文化人たちですが、あの朝日新聞《ちょうにちしんぶん》もその一派でした。当時は社説で執拗に「破防法反対」を訴え続けています。社説のタイトルを二、三拾ってみただけでも、こんな調子です。

破防法への慎重姿勢は当然だ（平成七年十月四日）
破防法の適用は疑問だ（同十二月十五日）
強引な破防法適用はやめよ（平成八年十二月十三日）
やはり破防法適用に反対だ（平成九年一月九日）

なんと懲《こ》りない連中かと、私は呆れ果てたものです。いや、怒りを覚えたといったほうが適切でしょう。これほど戦後には左翼思想が蔓延《まんえん》しているのです。

しかも、そうした動きを受けて政府もオウム真理教への破防法適用を見合わせてしまいました。時の政府は村山内閣です。いうまでもなく村山富市首相は社会党委員長で、左翼です。

この左翼宰相の罪は重いといわなければなりません。というのも、彼はオウムへの破防法適用を見送ったばかりか、阪神大震災（平成七年）に際しては適切な対応をとらずに犠牲者の数

を増やし、そして平成七年八月十五日の終戦記念日にはあろうことか、

わが国は、遠くない過去の一時期、国策を誤り、戦争への道を歩んで国民を存亡の危機に陥れ、植民地支配と侵略によって、多くの国々、とりわけアジア諸国の人々に対して多大の損害と苦痛を与えました。

などと、「お尋ね者史観」に基づく「村山談話」を発表しています。

それがいまなお後を引いていることは、中国の反日デモが行われている最中の二〇〇五年四月二十二日、インドネシアで開かれたバンドン会議で小泉首相が、「わが国は、かつて植民地支配と侵略によって、多くの国々、とりわけアジア諸国の人々に対して多大の損害と苦痛を与えました」と述べたことでもわかります。まさに「村山談話」は日本の国益と日本人に「多大の損害と苦痛を与え」続けているのです。

そして、こうした左翼史観が日本の教科書問題の根幹にも横たわっていることはいうまでもありません。

# 第六章

# 女帝問題は「皇室伝統」に任せよ

## 女帝はすべて中継ぎだった

皇位継承問題（女帝問題）はいま大変話題になっていますけれども、私はまだ論じるのは早すぎると思っています。

ただし間違ってもらっては困るのは、女帝でもいいかどうかというとき、その「女帝」の意味をヨーロッパの王室と同じように考えてはいけないということです。

二〇〇五年現在、百二十五代の歴代天皇の系譜において、女帝はすべて前代の天皇や皇太子の皇后ないし皇太子妃、あるいは未婚の女性皇族でした。

具体的にいえば、これまで女帝は、おふたりが重祚《ちょうそ》されているので十代八人になりますが、推古天皇（三十三代）、皇極天皇＝斉明天皇（三十五代・三十七代）、持統天皇（四十一代）、元明天皇（四十三代）は皇配《こうはい》（皇后ないし皇太子妃）だった寡婦、元正天皇（四十四代）は在位中は未婚、そして孝謙《こうけん》天皇＝称徳天皇（四十六代・四十八代）、明正《めいしょう》天皇（百九代）、後桜町《ごさくらまち》天皇（百十七代）は生涯未婚でした。そうした方《かた》が――、

①天皇が亡くなって跡継ぎがなかなか決まらない。

②お世継ぎ（儲君《ちょくん》）が幼少である。

③ある政治状況に対処するために先帝の勅があった。

といった事情から「暫定的なリリーフ」として女性天皇になっています。

つまり、女帝は例外なくいずれも「中継ぎ」であるという点、ここがヨーロッパの王室とまったく違います。

徳川時代の「最後の女帝」後桜町天皇の場合を見れば、弟の桃園天皇（百十六代）が二十二歳で崩御なさったとき、桃園天皇の子の英仁親王（のちの百十八代・後桃園天皇）がまだ幼かったため、その成長を待つかたちで即位しています。「中継ぎ」です。

その前の女帝である明正天皇は、後水尾《ごみずのお》天皇（百八代）と二代将軍・徳川秀忠の娘・和子とのあいだの皇女でしたが、後水尾天皇が徳川家との葛藤を嫌ったために、七歳のときに譲位されています。しかし父・後水尾天皇が上皇になって院政を敷きましたから、もちろん実権はありませんでした。そうして二十一歳のとき、異母弟の後光明天皇（百十代）に譲位なさっていますす。そして譲位したあとも一生結婚なさいませんでした。

この明正天皇の場合は、先に挙げた三番目のケースに当たります。つまり「ある政治状況に対処するために」即位した女帝です。

こんなふうに、日本にも女帝はいらっしゃいましたけれども、それはいずれも中継ぎで、皇位の継承はすべて男系で行われてきました。

ではなぜ、男系なのか。

男系でないと、苗字をもった人間が天皇になってしまうからです。そんなケースは日本の伝統にはなかったし、そんなことになったら日本の朝廷がはじまって以来の伝統が途切れてしまいます。女帝はあくまでもリリーフ役なのです。この伝統は崩してはいけません。

ところで、先に触れた第百十八代の後桃園天皇にはお子さまがいらっしゃいませんでした。そこで皇統断絶の危機に見舞われます。そのときなされた対応策は、東山天皇直系の閑院宮《かんいんのみや》家《け》から養子を取ることでした。それが光格天皇（百十九代）です。つまり光格天皇は、東山天皇の直系の曾孫です。

この光格天皇の流れは今上《きんじょう》陛下にまでつながっています。

このように日本の歴史のどの時代をとっても、女帝が出たときや皇統が途絶えそうになったときは、皇位継承者をなかなか決めがたく、妙案が出るまでしばらく待ったケースがあります。今回もそう慌てる必要はありません。あせって皇室典範を改正したり、予《あらかじ》め女帝を容認したりする必要はないと思います。

## いろいろなドラマがあった女帝の時代

大和朝廷だって、最初に推古天皇という女帝が誕生したときはずいぶん揉《も》めたのではないでしょうか。これでいいのかよ、などという声も上がったように思います。『神皇正統記』の推古天皇の項にはこんな記述があります。

昔、神功《じんぐう》皇后六十余年天下を治《おさめたまい》給しかども、摂政と申《もうし》て天皇とは号したてまつらざるにや。此《この》みかどは正位《しょうい》につき給にける。

かつて六十年も天下を治めた神功皇后は、それでも「天皇」と称さなかったのに、「此みかど」推古天皇は、天皇という正位にお就きになった。いかがなものか、といったニュアンスが感じられます。

また、聖武《しょうむ》天皇（四十五代）の皇子《おうじ》が早世したので、女性初の皇太子になり、さらに四十六代天皇となったのが女性の孝謙天皇です。

即位後、政治の実権を握ったのは母の光明《こうみょう》皇后と従兄《いとこ》に当たる藤原仲麻呂でした。この時代の孝謙天皇はあまり政治には興味をもたなかったようで、即位しても、仲麻呂の推挙する淳仁天皇《じゅんにんてんのう》（四十七代）にあっさり帝位を譲って上皇になっています。

ところが母・光明皇后が崩御すると、孝謙上皇は体調を崩します。そのとき看病に当たったのが、かの有名な僧・弓削道鏡《ゆげのどうきょう》でした。それが縁で孝謙上皇はこの道鏡を寵愛するようになって、さて、一悶着起こることになります。

道鏡熱愛を仲麻呂と淳仁天皇から非難されると、孝謙上皇は天皇の実権を奪ってしまったのです。それに対して仲麻呂が反乱を起こします（恵美押勝《えみのおしかつ》の乱）が、孝謙上皇は彼を敗死させ、さらに淳仁天皇を淡路に流すと、重祚《ちょうそ》して称徳天皇として復位しました。そして愛する道鏡を太政大臣禅師、さらには法王に任じて政権を委ねます。

すると、また妙な事件が起こります。「道鏡を天皇にすれば天下は太平になるであろう」という意味の神託が宇佐八幡宮《うさはちまんぐう》からもたらされたのです。これに疑いを抱いた和気清麻呂《わけのきよまろ》が、真偽を確かめるために宇佐八幡宮へ赴《おもむ》き、再度神託を得ると、次のようにありました。

天《あま》つ日嗣《ひつぎ》は必ず皇緒をたてよ。尤道《むどう》の人は宜しく早く掃除すべし。（『続日本紀』）

清麻呂がそれを称徳天皇に伝えると、たちまちその怒りを買い、名を「別部穢麻呂《わけべのきたなまろ》」と変えられて大隅国（現在の鹿児島県）に流されてしまいます。ただし、これによって道鏡の野望は泡と消え、間もなくして称徳天皇が亡くなられると、道鏡も追放されることになりました。

清麻呂はいわば万世一系の皇統の救い主です。したがって戦前は重視され、十円札の肖像になっていました。余談ですが、その十円札には猪の絵が描いてありました。だから戦前の人は、十円札のことを「イノシシ」と呼んだものです。京都の護王《ごおう》神社のご神体が和気清麻呂で、その神社には神の使いとされる猪が鎮座していますから、お札にもイノシシの絵が描かれたのだと思います。

ともかく、このように女帝が登場したときというのは皇統の曲がり角ですから、いろいろなドラマも生まれています。

## 原理・原則を慌てて決めると失敗する

話を二〇〇五年現在に戻せば、私は、そのうちどなたかに男子が生れるかもしれないと思っております。そうでない場合は最高の技術を使ってでも人工授精をしてもらうのがいいと、真面目にそう思っています。人工授精でも何でも、考えるべき方法はいろいろあるはずです。皇太子妃にもまだまだ可能性がありますし、また秋篠宮妃・紀子《きこ》さまもお若い。そのほか探せば、まだ皇室関係の女子で男子を生む可能性のある方《かた》がいないわけでもありません。そういう方に生んでいただくことも考えられます。それでも、いよいよ困ったら……。

といっても、それはまだまだ先のことです。いまの皇太子（浩宮・現今上天皇）さまが即位なさって、その次のことですから五十年ぐらい先の話です。あまり慌てて原理・原則を決めないほうがいいと思います。

だいたい、決めなくてもいいような原理・原則を慌てて決めると、それに束縛され、悲劇に向かうことがあります。

一例を挙げれば、日露戦争が終わったあと、帝国陸海軍はその後の基本方針をつくっています。「帝国国防方針」など、つくらなくてもよかったのにつくってしまったのです。すなわち陸軍の主要敵はロシアである、海軍の主要敵はアメリカであると決めてしまいました。決めないでおけば弾力的でいられたのに、いったん決めると戦争をしなければならないような感じになってしまいます。

そして昭和五年（一九三〇年）のロンドン軍縮会議をめぐって、海軍は条約派と艦隊派に分かれて対立することになります。条約派というのは軍縮条約を支持するグループ、艦隊派はアメリカに負けないように建艦をもっと推進しろという一派です。したがって補助艦保有比率が、米英日で「十：十：七」と決まると、艦隊派の海軍軍令部長を中心に「条約の批准反対」が叫ばれるようになります。
そのとき艦隊派が担ぎ出したのが東郷（平八郎）元帥です。東郷元帥は当時ご高齢でしたから、そんな争いに利用してはならなかったのに、艦隊派は担ぎ出してしまったのです。すると東郷元帥は、「帝国海軍はアメリカと決戦することが決まっているのだから、そんな条約には反対だ」といわれたそうです。それを聞いて艦隊派は、東郷元帥がいっていることだからと、攻勢に出ます。それで条約派が不利になってしまったわけです。
当時の様子について、元老・西園寺公望《さいおんじきんもち》の秘書役をしていた原田熊雄《はらだくまお》の『西園寺公と政局』（岩波書店）第一巻には、いかにも困りきったようなこんな記述があります。

東郷元帥の如き、唯一無二の海軍の長老であり、また歴史的にいつても海軍の神様のやうに思はれてゐる人に疵《きず》を付けたくない、即ち、帝国の国策として陛下の外交大権により全権をして調印せしめられたこの国際的な条約の御批准を、たゞ一人の元帥によつて破棄するに至るが如きは由々しき一大事である、（中略）どうにかして元帥を理解せしめよう、として（中略）随分努力したけれども……

元帥はなかなか納得しない。しかも、三か月もかかってようやく批准されると、今度は艦隊派や右翼が結合して、「政府が勝手に軍縮条約を結んだのは統帥権干犯《とうすいけんかんぱん》だ」といって条約派の政治家や軍人への攻撃を強め、やがて浜口首相狙撃事件（昭和五年十一月）につながっていきました。

こうした流れを振り返るにつけても、帝国国防方針など決めなければよかったのです。あれは失敗だったと思います。

## イギリス「名誉革命」の教訓

イギリスという国がなんとなく保《も》ってきたのも、物事を予《あらかじ》め決めない国柄であったことが幸いしたといえます。だから、なんとなくうまく続いてきたのです。それが英国の智恵といわれるものです。

一六八八年の名誉革命など、その典型です。

ジェームズ二世は、前章でもちょっと述べたように、どうしようもない王さまでした。イギリスという国はプロテスタントの国なのに、彼はカトリックで、カトリック教徒ばかり重用して、それに反対するプロテスタントの大臣を次々に排斥していきました。

それにたまりかねて甥《おい》に当たるモンマス公が反乱を起こすと、これを鎮圧してモンマス公の首を刎《は》ね、反乱に加わった三百人を絞首刑に処し、さらに千人を流刑にしました。そして議会には膨大な予算を要求する。またイギリスの国体《コンスティチューション》に反して常備軍を持つなど、一種の恐怖政治を行ったのです。

そのジェームズ二世に皇太子が生まれると、プロテスタントの国民は、この先ずっとカトリックの王が続くのかと、絶望的なムードに包まれます。そこで反ジェームズ派の貴族や僧侶、有志七人がオランダの大公・オレンジ公ウィリアム三世に「イギリス侵攻」を要請するのです。オランダの大公といっても、ウィリアム三世はジェームズ二世の甥だし、妻メアリーはジェームズ二世の娘です。ただし、ふたりともプロテスタントでした。

この日のくることを予想していたウィリアム三世は一万五千の軍勢を率いてイギリスに上陸します。と、ジェームズ二世はフランスに亡命してしまいます。したがって無血入城に成功する。それで「名誉革命」（Glorious Revolution）といわれるわけですが、問題はこれでは終わりません。

王位は空位なのか、つまりジェームズ二世は退位したのか。そうだとすればだれが次の王位に就くのか。メアリーか。では、その夫であるウィリアム三世をどう処遇したらいいのか。

また、国王に対する誓いの問題もありました。いちばん困ったのは、当時勢力があった牧師たちです。国王に忠誠を誓っているから、その誓いを破ることはできないというわけです。王は逃げ出したけれども誓いは残る。ふつうのジェントルマンたちは、ジェームズ二世は国を去ったのだから、もう忠誠を尽くす必要はないといったのですが、牧師たちは神に対する誓いで生きているような人たちですから、王が逃げ出したからといって誓いを破るわけにはいかないという。

さらに、イギリス国民はウィリアム三世に、ジェームズ二世追放の力を借りておきながら彼を国王として戴《いただ》くつもりはありませんでした。すると、ウィリアムのほうも「女王の夫」という身分ではイギリスにとどまるつもりはない、軍隊を引き上げるといいます。メアリーも、自分は王位に就かなくていいから夫を国王にしてくれ、といいます。

そんなふうにスッタモンダして七転八倒、いろいろなこじつけの議論が出た挙句、ようやく決まったのがふたりの「共同統治」でした。夫婦ふたりの共同統治など、前例もなければ後例もない、空前絶後の制度でしたが、イギリスはそれを認めました。かくて国王は、なにやら歌手の名前みたいですが、ウィリアム&メアリーになったという次第です。ただし、行政は王（男）が担当することになりました。

苦し紛《まぎ》れの決着ですが、このあたりは理屈など全然関係ありません。

英語には"mudding through"（マドリング・スルー）という言い方があります。ゴチャゴチャやっているうちになんとかなるよ、という意味です。まさにその言い方どおり、イギリス国民はむずかしい問題を処理することに成功したのです。

ここに付け加えておけば、外国人の王であるため、国民の反発を予想したウィリアム三世は即位後すぐに「権利の章典」（The Bill of Rights）を成立させています。これは簡単にいえば、ジェームズ二世以来とかく軽視されがちであった議会を尊重し、「君臨すれども統治せず」でいく、という約束です。それは同時に、それ以降のイギリス君主制の基礎を築くものでした。

このような一連の動きを見ると、イギリスには成文憲法がないことが幸いしたように思います。また、イギリス人の融通無碍《ゆうずうむげ》の智恵も大いに力を発揮したといえそうです。

## 原則を立てたら始終変えよ

この名誉革命は極端な例ですが、しかし日本も予め自分を縛るようなことはやめたほうがいいというのが私の考え方です。皇室の大きな問題から小さな問題に至るまで、原理・原則はあまり立てないほうがいい。

たとえば三木（武夫）内閣は「武器輸出反対」という原則を立てました。しかしそんな原則は立てないで、ただ黙っていればいいのです。「さしあたっては、武器は輸出しない」ぐらいで止めておけばよかった。というのも武器というのは、それを買った国はその後も補充していきますから、売った国と買った国は同盟関係より固く結ばれる可能性があるわけです。国同士仲良くしたかったら武器輸出をするのがいちばんです。

もし韓国の武器がみんな日本製だったら、日本と喧嘩をするはずがありません。中国だってそうです。観念的平和主義者は「武器」と聞くとすぐに拒絶反応を起こしますが、実際的効能は別にあるわけです。

そういうことで、へんな原則は立てないほうがいいのです。いわんや皇室のように二千何百年の歴史があるところに、いくら民主主義の時代だからといって、国民がゴチャゴチャいってはいけません。そんなものは民主主義とまったく関係のない話です。皇室のほうでいろいろお考えください、といえばいいのです。

皇室がいろいろ考えて、それでも妙案が出ない……となったとしても、それはしかし何十年後のことなのですから、いまから慌てる必要はありません。

何事でもあまり原則を立てないほうが自由です。そして原則を立てたら、しょっちゅう変える癖をつけることです。

イギリスは原則を立てない国ですから、原則を変える必要もない。

アメリカは、世界でいちばん古い成文憲法をもっている国です。しかし憲法をつくって数年したら「言論の自由」や「信教の自由」が抜けていることに気づきました。そこで慌てて付け加えたといういきさつがあります。その後も、数年に一度か、十年に一度の割合で修正しています。一七八七年の制定以来、十八回二十七か条の追補をしていますが、そんなふうにしょっちゅう変えているからアメリカの憲法は生きているのです。

ドイツなど、敗戦後の一九四五年につくった憲法（基本法）を二〇〇二年までの約五十年間に五十一回改正しています。

日本みたいに明治憲法をつくって「金甌無欠《きんおうむけつ》」といい、現行憲法をつくって「護憲、護憲」といっているような国はありません。「金甌無欠」「護憲」というと、国民も、なにか変えてはいけないように思ってしまいます。だから、時代に合わなくなっても変えようとしない。きわめて硬直的で、これでは不都合が生じるのも当然でしょう。

## マドリング・スルーの智恵

明治憲法は、時代とともに運用がむずかしくなりました。元老《げんろう》会議があるときは自由に解釈して、柔軟に適用することができましたけれども、元老たちがいなくなると、いろいろな問題が出てきます。

その最たるものが統帥権の問題です。明治憲法にはこうあります。

天皇ハ陸海軍ヲ統帥ス（第十一条）
天皇ハ戦ヲ宣シ和ヲ講シ及諸般ノ条約ヲ締結ス（第十三条）

天皇が陸海軍を「統帥ス」るのだから、政府が勝手に軍艦を何隻削減するとか、補助艦の保有比率を決めるのは統帥権干犯に当たる、あるいは「諸般ノ条約ヲ締結ス」るのは天皇の権利なのに、政府が勝手に軍縮条約を結ぶのはやはり統帥権の干犯である——というのが統帥権干犯問題の骨子ですが、いかにもむりやり捏《こ》ね上げた屁理屈です。もちろん、明治憲法をつくった伊藤博文などにはそんな考えはありません。実際の政治は各大臣が行っていくのだとする条項が第五十五条一項と二項にちゃんとあります。

一　国務各大臣ハ天皇ヲ輔弼《ほひつ》シ其ノ責ニ任ス
二　凡《すべ》テ法律勅令其ノ他国務ニ関ル詔勅ハ国務大臣ノ副署《ふくしょ》ヲ要ス

ところが昭和五年の衆議院本会議で政友会総務の鳩山一郎は「統帥権干犯」という言葉を振りかざして、時の浜口内閣を攻撃しました。政府が勝手にロンドン軍縮条約を結んだのは天皇の統帥権を犯すものだという屁理屈をぶち上げたのです。新聞各紙もそれを大々的に取り上げたものだから、軍部も右翼もますます勢いに乗って「統帥権干犯！　内閣は天皇大権を犯している」といって騒ぎ出しました。その挙句、浜口首相は右翼の手によって東京駅駅頭で狙撃されてしまいます（翌年没）。

戦前の日本にあって民主主義的な政権ができたのはこの浜口内閣あたりまでですから、いってみれば統帥権干犯問題は、戦前の政党政治のクビを締めることになってしまったわけです。

浜口首相はしかし、統帥権干犯問題について立派な反論をしています。

「天皇が陸海軍を統帥するのが統帥権だから、それに内閣が口を出してはいけないというのなら、では、憲法に天皇は外交を司《つかさど》るとあるのだから、外務省は首相のいうことをきかなくてもいいのか。そんなのは通用する話ではない」といった主旨のことを述べています。

元老が生きているうちに、そのあたりのことをはっきりさせるなり、条文を変えるなりしておくべきでした。そうすれば「統帥権」などという鬼っ子が跳梁しないでも済んだはずです。

じっさい、明治憲法は現行憲法よりも変えやすい憲法でした。改正条項の第七十三条二項、三項はこうなっています。

二　両議院ハ各〻其ノ総員三分ノ二以上出席スルニ非サレハ議事ヲ開クコトヲ得ス

三　出席議員三分ノ二以上ノ多数ヲ得ルニ非サレハ改正ノ議決ヲ為スコトヲ得ス

議員総数の三分の二以上が出席した席で、出席者の三分の二以上の賛成があれば――つまり九分の四以上の賛成があれば――改正できるわけですから、現行憲法（議員総数の三分の二以上の賛成で改正を発議し、国民投票で過半数の賛成を得ること）より、条件は緩《ゆる》やかです。ただし明治憲法は欽定《きんてい》憲法でしたから、天皇のほうから改正の発議がないといけないという制約はありました。しかし天皇陛下はそんなことに拘泥《こうでい》されるはずがないから、改正については枢密院あたりの偉い人が言い出せばよかったことです。もっとも「金甌無欠」「不磨《ふま》の大典」などといわれていましたから、だれも改正を言い出す人は出てきませんでした。そこが非常に残念です。

ともあれ、原則を決めてあるものには柔軟に修正を加えられるようにすること、原則を立てないほうがいいものは自然のままにしておくこと、これが人間の智恵というものです。したがって皇室問題とか皇位継承問題などは、「皇室伝統」に則る、という大原則を決めるだけで、あとは"mudding through"にしておくのがいいと思います。それが私の基本的な考え方です。

# あとがき

東京12チャンネル（現・テレビ東京）で毎日曜の朝、「新世紀歓談」という対談番組のホスト役を数年やらせていただいたことがあった。「歯に衣《きぬ》を着せないで語ろう」という主旨で、ゲストの方々にもずばずばタブーを怖れず語っていただいた。あまり率直に語り合ったので放映されないでしまったことも何回かあった。記憶によれば、石原慎太郎氏（当時は都知事にならる前の頃だった）との対談は、二回も放映できないでしまった。今から見ればどうということのない言葉遣《づか》いが、差別語だとか、問題があると局側が心配してくれたのである。

とにかく率直な意見を出し合ったので、私としては教えられることが多かった。また視聴者の中にもそのまま消えてしまうのは惜しいという意見もあり、そのエッセンスを書物の形で残したいという希望が徳間書店から寄せられた。映像権のこともあり、そのまま再現することも難しいので、これらの一連の対談から受けた刺激や知識にもとづいて、私が考えたことを書き残すことにした。そして一年一冊の割合で憂国の本が毎年出ることになった。つまり一年五十数回、各界のすぐれた論者のエッセンスが、私の頭を通過して読者に紹介されたことになる。対談番組のホストになる有難さを私は十分に味わわせてもらった。

番組は終ったが、私はかなり頻繁にいろいろな方と対談する機会がその後もあったので、一年一回、そのエッセンスを提供するということが続いている。いろいろの分野の尊敬すべき論者と語っていると、それまでの私の知識が活性化したり、また私の考えていることに自信の裏付けが出来るのを感じた。こうして出来た自分の本は、十年前のものでも今読み返して意見変更の必要がないことを嬉しく思っている。

今回の本は、ここ約一年の間に、私の意識の中で大きな問題として感じられたことを率直に述べたものである。現在ではやや極端に感じられる点もあるかも知れないが、もう数年もすれば当り前の話になっているだろうと私は信じている。最近しきりに「少子化が大変だ」と言われているが、「ゼロ孫化」という表現を私が使ってからもう数年になる。極端な発言に見えることが、日常会話になる例の一つとしてあげておきたい。

この企画を提供された徳間書店の力石幸一氏と、原稿の整理をいつも助けて下さる松崎之貞氏に厚く御礼申し上げます。

平成十七年六月

渡部昇一

本書は、二〇〇五年七月に刊行された『中国・韓国人に教えてあげたい本当の近現代史』（徳間書店刊）を改題した新装版です。

JASRAC出2406780-401

**渡部昇一**（わたなべ　しょういち）

昭和５（1930）年山形県生まれ。上智大学大学院修士課程修了。ドイツ・ミュンスター大学、イギリス・オックスフォード大学留学。Dr.phil.（1958）、Dr.phil.h.c.（1994）。上智大学教授を経て、上智大学名誉教授。専門の英語学のみならず幅広い評論活動を展開する。昭和51（1976）年第24回日本エッセイスト・クラブ賞受賞。昭和60（1985）年第1回正論大賞受賞。平成29（2017）年没。
英語学・言語学に関する専門書のほかに『知的生活の方法』（講談社現代新書）、『古事記と日本人』『日本史から見た日本人（古代編・鎌倉編・昭和編）』（以上、祥伝社）、『渡部昇一「日本の歴史」（全7巻）』（ワック）、『知的余生の方法』（新潮新書）、『決定版・日本史』『歴史通は人間通』『名著で読む世界史』『名著で読む日本史』（以上、育鵬社）など多数。

**渡部昇一の昭和史観**

日本人に罪悪感を植えつけたのは誰だ

**第１刷　2024年９月30日**

**著者／渡部昇一**

発行人／小宮英行
発行所／株式会社 徳間書店　〒141-8202　東京都品川区上大崎3-1-1　目黒セントラルスクエア
電話／編集 03-5403-4344　販売 049-293-5521
振替／00140-0-44392
カバー印刷／近代美術株式会社
印刷・製本／中央精版印刷株式会社



ISBN978-4-19-865893-9

徳間書店の本

好評既刊

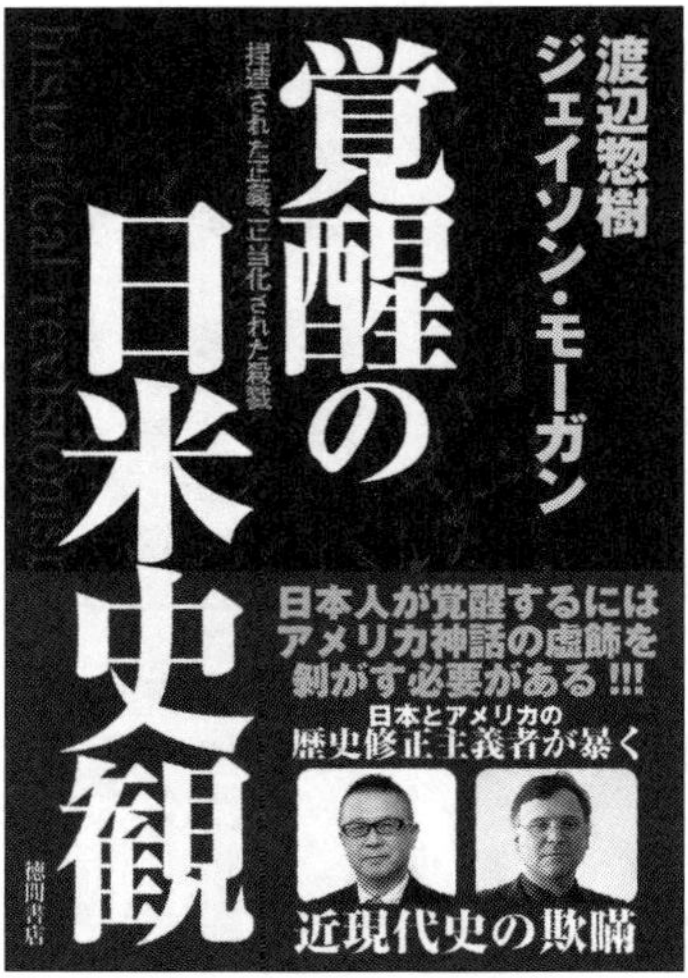


**覚醒の日米史観**
**捏造された正義、正当化された殺戮**

渡辺惣樹
ジェイソン・モーガン

お近くの書店にてご注文ください